㈱ランチェスターシステム
ランチェスター協会会長
田岡佳子

そうなのか！

ランチェスター戦略が マンガで3時間で マスターできる本

1）「ランチェスター戦略」とは必勝の販売戦略として古くから重用されてきた＜勝つための方法＞です。連続的に、かつ長期的に勝ち続けるための戦争戦略・戦術であっただけに非常に奥が深いものです。

2）「ランチェスター戦略」のあらましをマスターすればあなたも＜勝ち組み＞ビジネスマンとして、輝くことができます。

明日香出版社

はじめに

この本を手に取ったみなさん、『ランチェスター戦略』というのをご存じでしょうか？「社長がそんなことを言っていたな」「そう言えば、社内セミナーで耳にしたなあ？」などと、どこかで聞いた言葉かもしれません。

ランチェスター戦略は、空中戦における損害量の計算法則から導きだされた「競争の科学」です。第一次大戦中、イギリスで生まれたこの軍事戦略は、アメリカで体系化され、日本で完成されました。今は亡き私の夫、田岡信夫が戦後の日本に広めたのです。

私は、田岡信夫の遺志を継ぎ、ランチェスターの思想をひとりでも多くの方に伝えたいと思っています。

ランチェスター戦略の本は、いくつかの出版社から出ていますが、30年間で累計５００万部以上の売り上げを記録している隠れた超ロングセラーなのです。この戦略は「営業」だけではなく、「経営」「マーケティング」「販売促進」など、あらゆるビジネスの場面で応用できます。

50～60代の会社のトップや管理職にはなじみ深いものでも、20～30代の若年層にとっては新鮮な理論としてうつるかもしれません。この本は、そういう若い世代に向けて書かれています。ひとつひとつの項目を文章とマンガで丁寧に説明しています。見開き2ページ完結という、わかりやすく理解しやすい構造にしました。若手の社員さんだけではなく、彼らを指導する管理職や経営者の皆さまにも、もう一度基礎から読み直していただければ、こんなに嬉しいことはございません。

21世紀の新しい春に、ランチェスター戦略が新たに新装発売されることをたいへん嬉しく思います。また、この本を世の中に広めていただける機会を与えて下さいました明日香出版社の石野誠一社長に感謝するとともに、資料整理等でご苦労なさったライターの安恒理さん、オシャレなマンガをつけて下さいましたイラストレーターの飛鳥幸子さんにお礼を申し上げます。また、この本の制作に関して、有形無形の援助をたくさんの出版社の方々よりいただきました。謹んでお礼申し上げます。

株式会社ランチェスターシステムズ社長
ランチェスター協会会長

田岡　佳子

CONTENTS

〈そうなのか！〉ランチェスター戦略がマンガで3時間でマスターできる本

CONTENTS

第3章　地域戦略

第4章　各地の地域特性

CONTENTS

第5章 占拠率の理論

第6章　市場参入戦略

CONTENTS

第7章 情報収集と管理法

第8章 時間管理

第9章 営業戦略

CONTENTS

第1章　ランチェスターの基本法則

1 勝つための方法

ビジネスは、競争である。よほどの独占企業か、特殊な権益に守られていない限り、ライバルがいて、熾烈な争いがついて回る。21世紀を迎え、先行き不透明な時代は、今しばらくは続き、ライバルに遅れをとることは、すなわち〈死〉を意味する。厳しい時代が続き、各企業にとって生き残りをかけた〈サバイバル・ゲーム〉が新たに始まったといってもいいかもしれない。それぞれのビジネスマン個人にとっても同じことがいえよう。

その戦いに勝ちつづけるには、勝つための方法が必要になってくる。たまたま勝ったからといって、次に勝てる保証は何もない。勝ち続けるには、やはり勝つためのノウハウがいるのだ。

たとえば営業マンの長年のカンや人間関係だけに頼っているだけでは、いずれ行き詰まってしまうだろう。もっと、確実な必勝法が求められる。

商売で、商品を売るとしたら、売れるようにしなければならない。売れる商品作り、売れる体制作り——そこに求められるのは正確な製品の需要予測と売上予測だ。

そこでマーケティングが大切になってくる。最も効果的に利益をあげるために、生産計画を立て、販売計画を立てる。精神論や根性といった非科学的なものでなく、より確実で科学的な方法。その方法がなければ、1回や2回の勝負には、たまたま勝てたとしても、その後も勝ち続けられるとは限らない。

本書が紹介する「ランチェスター戦略」は、必勝の販売戦略として古くから用いられている〈勝つための方法〉といえよう。もともとは戦争における戦闘方法だったものを、故・田岡信夫が販売戦略に応用し、世間に広めたものだ。

戦略とは、連続的に、かつ長期的に勝ちつづけるための概念だ。目先の勝負だけでなく、先々も生き残るための方策なのである。

根性でセールスをやってきたけれど
売り上げが落ちるいっぽうだ
どうしてなんだ
もっともっと根性が足りんのかな～
いっそ滝にうたれて修業でも
まって！
そんなやみくもなことではうまくいきませんよ
商品が売れないのだったら売れるようにせねばいけません
より科学的に作戦をたてる必要があります
そんな方法があるんですか
ありますよ
それは「ランチェスター戦略」です
ぜひ教えてください

2 勝ち方の発見者・ランチェスター

ランチェスター戦略の生みの親と言われるF・W・ランチェスターは、もともとイギリスのエンジニアだった。1868年ロンドン生まれ。王立工科大学を出たあと、ガソリンエンジンの研究開発者となり、28歳のとき、イギリス第1号のガソリンエンジンを作っている。

そのかたわら、飛行機の研究にも携わり、航空工学のエンジニアとしても成功を収めている。飛行機の浮力理論の基礎を作ったのもランチェスターだ。

1914年に第1次世界大戦勃発。そこで、ランチェスターは、航空機が実戦で使用されるのを目の当たりにして、空中戦に興味を抱くようになった。

敵と味方の飛行機が、何機と何機で空中戦を行なったとき、どちらが何機撃墜されて、何機生き残るかという、戦闘機数と損害量についての研究を始めたのだった。

ランチェスターは、この空中戦を中心に、地上戦のデータも加え、兵力数と損害量との間にどのような関連性があるのかに着目、そこに二つの法則があることを発見した。その法則こそ、ランチェスターの第一法則とランチェスターの第二法則である。

このランチェスターの法則は後年、アメリカの数学者たちが注目、太平洋戦争で日本軍にいかに効果的に打撃を与えられるかを研究し、「ランチェスター戦略モデル」としてまとめられたのである。どのように作戦を立て、どのような兵器を開発し、どのように補給していけばいいか、解答をそこから導き出したのだ。

やがて、この「ランチェスター戦略モデル」は、競争の戦略として一般化していった。外国の企業では、企業戦略に採用し、成果をあげたといわれている。フォルクスワーゲンのカナダ市場開拓例、ハワード・ジョンソンの西日本、ケンタッキー・フライドチキンの中部日本進出例など枚挙にいとまがない。

RATATATATATA
う〜ん
味方2機で敵機1機を撃墜しかし味方も1機犠牲となるか…
兵力数と損害量との間には関連がありそうだ
研究してみよう
法則を見つけたぞ
この法則をランチェスター第一法則と…ランチェスター第二法則と命名しよう
このランチェスターの考え方をビジネスに応用したのが日本の田岡信夫である
田岡信夫

3 戦略と戦術の違い

戦略も戦術も戦いに勝つためのノウハウである。勝利を掴み取るための車の両輪といっていい。戦略と戦術の違いについて述べよう。

戦略は、実際の戦争においては、①状況②条件③場面④範囲の四つの要素の組み合わせの中から、敵に勝つためのベストの方法を編み出すことである。さらに戦略は、三つの構成から成り立っており、第一がその中核に位置する思想、第二が戦略を実際に機能させる組織、第三が、その組織を動かすためのパターン化させた行動の領域である。最後の行動の領域は、戦術の領域と重複する。

企業の戦略も、製品開発、商品戦略、流通戦略、価格戦略、地域戦略といった見えない範囲での意思決定の領域である。これに対し、戦術はこの戦略を達成するための行動パターンである。つまり、広告活動や宣伝活動、営業、プロモーションといった、目に見える行動が企業のとる戦術だ。

「目に見える行動」が戦術、「目に見えない行動」が戦略という言い方をしてもいい。戦略は、「桃のタネ」によく喩えられる。その意味あいは三つある。

第一に、外側からは見えないこと。桃の外側から中のタネまでは見えないが、まさに戦略も「見えざるもの」だけに、営業活動といった目に見える戦術と違って、どんな戦略がとられているのか、企業の外側からは容易に見えないものである。

第二に、硬くて割れない、という意味。桃のタネは硬くてなかなか割れないが、企業戦略も、簡単に変更できるものではないということである。企業の長期的な展望の上に成り立ち、企業全体で意思統一がなされているものだ。硬くて割れないとは、そういう意味合いである。

第三に、外見ほど美しくないということである。戦略は、えてして敵の裏をかく、意表をつく、といったことがつきものだ。

☆戦術
桃の果肉にあたる部分
第一線で戦っている
〔広告 宣伝 営業
プロモーション等
目に見える部分〕
○○○
なら
○○○
力の入れ具合は
戦術 戦略
1 : 2
☆戦略
桃の種にあたる部分
後方で戦っている
〔目に見えない 簡単には
変更できない 外見ほど
美しくない〕

4 ▽ランチェスターの第一法則

弓や槍、銃の打ち合いといった、一人が一人を狙い射ちしかできないような戦いを前提にした法則が、このランチェスターの第一法則だ。それゆえ、別名「一騎討ちの法則」とも言われる。

このような戦いでは、武器の性能が敵味方同じであれば、兵士の数が多いほうが勝つという。

A軍の数を10人、B軍の数を6人とする。この両軍で一騎討ち型の戦闘が行なわれたとき、A軍は6人戦死して4人生き残り、B軍は6人全員戦死となる。つまり、数が多い軍隊が多い分だけ生き残り、勝つというのが、ランチェスターの第一法則だ。

ランチェスターは、この法則を次の式であらわしている。

$$M_0 - M = E(N_0 - N)$$

M_0は戦う前のM軍の兵力数、Mは戦ったあとのM軍の残りの兵力数。つまりM_0-MはM軍の損害量（戦死者数）をあらわし、同様にN_0は戦う前のN軍の兵力数、Nは戦ったあとのN軍の残りの兵力数。すなわちN_0-NはN軍の戦死者数をあらわす。

E（Exchange Rate）は交換比で、武器効率（武器の性能）のことをいう。

敵味方の武器の性能が同じという条件であれば、E＝1となる。もし、M軍がN軍を全滅させようとするなら、先ほどの式に当てはめると、

$$M_0 - M = N_0$$

となる。これを整理してみると、

$$M_0 - N_0 = M$$

となり、戦う前の兵力数の差が、そのままM軍の生き残りの兵士の数となるのだ。

ここから導き出される結論は、兵士の数が多いほうが、その分だけ生き残り、勝ちを収めるというのが、ランチェスターの第一法則である。そして後述するが、3倍の力が、勝利を確実にするポイントになるのである。

WAOOOO
ボクたちのヤリの性能はほとんど同じです
A
B
生き残ったのはAの方の4人か…
Aが10人 Bが6人 だったから
A−B＝4人
武器の性能が同じ場合数の差だけが勝利の条件ということだね

5 ▽ランチェスターの第二法則

　近代戦となると一騎討ちのような戦いは姿を消し、機関銃や戦闘機といった、一人が何人もの敵を相手にする武器（近代兵器）を使った戦いになる。このような戦闘での損害量はどうなるか。ここから導き出された法則がランチェスターの第二法則である。

　機関銃や大砲、戦闘機による戦いを確率戦という。攻撃をうけたとき、どの弾がどの兵士に当たるかは分からないが、確率的に損害が発生するからだ。

　A軍5人、B軍3人で、同じ性能の確率兵器（機関銃のような近代兵器）で戦ったとしよう。A軍一人の兵士がB軍から受ける攻撃量は、味方が5人だから5分の1に分散される。B軍は3人だから、それを三つ分受ける計算だ。

　同じくB軍兵士は、一人当たり、3分の1の攻撃量を五つ受けることになる。これを、A軍B軍それぞれが敵から受ける攻撃量の比は、

A軍5分の1×3：B軍3分の1×5＝A軍9：B軍25ということになる。両軍兵士は、相手兵士の数の二乗分の攻撃を受けるのだ。お互いの武器効率が同じなら、戦闘開始時の兵士数の二乗と二乗で戦うことになる。両軍の損害量は、さらに開く計算になる。以上がランチェスターの第二法則である。

　この第二法則は、次のような式であらわされる。

$Mo^2 - M^2 = E(No^2 - N^2)$（Mo、M、No、Nはランチェスターの第一法則のときと同じ意味）

　武器効率を同じ（E＝1）と仮定すれば、敵を全滅させる条件は、

$Mo^2 - M^2 = No^2$　すなわち　$Mo^2 - No^2 = M^2$　となる。

二乗の差の平方根が、味方の生き残りの兵士の数ということになる。

　先に挙げたA軍（兵士5人）、B軍（兵士3人）の例でいうと、

$5^2 - 3^2 = 16$　16の平方根は4（$\sqrt{16} = 4$）

だからA軍の生き残りの兵士は4人となる。

機関銃でたたかうと
1人で多くの兵士を倒すことができるんだ
RATATA
A軍が5人
B軍が3人とすると
A軍の1人は
B軍の攻撃の5分の1を受けることになる
B軍
A軍
そしてB軍は3人だから
5分の1の3倍ってことだ
B軍
A軍
それをB軍にあてはめると
1/3×5ということだ
B軍
A軍
A軍 1/5×3 : B軍 1/3×5
= A軍9 : B軍25
う〜んということは両軍の兵士は相手兵士の数の2乗の攻撃を受けるということか
RATA TATA
やりや剣のような武器と違って近代兵器の場合兵士の人数の違いが大きな差を産むってことだ
A軍
生き残り 4名
B軍
全滅

6 ▽二つの法則は企業戦略でどう生きるか？

ランチェスターの法則が、企業にとって、あるいはビジネスマンにとって、どう役立つか？

企業間における競争や販売は、占拠率（シェア）が問題になってくる。ランチェスターの法則は、この占拠率を上げていくためのものと考えていい。

ここで、ランチェスターの第一法則と第二法則が、どういうケースの戦闘にそれぞれ当てはまるかを、明かにしておく。

ランチェスターは、第一法則に支配される戦いを、

①敵の兵力数が、目で分かる狭い地域での局地戦
②一人が一人しか狙い撃ちできない一騎討ち型の兵器での戦い
③接近戦

と規定した。また第二法則に支配される戦いを、

①敵が視界にはいらない広域戦
②一人が複数を同時に倒せる近代兵器での確率戦
③遠隔戦

と規定した。これは戦略を考えるうえで重要なヒントを提供することになる。自分の企業と相手企業の力を考えて、第一法則に支配される戦いを挑むのか第二法則に支配される戦いを挑むのか、戦略が違ってくるからだ。

戦局を有利に導くために、強者と弱者では、戦い方を選択しなければならないのである。ここに、「強者の戦略」と「弱者の戦略」の二つの基本戦略が生まれた理由がある。結論からいうと、強者は「第二の法則」に支配された戦いをするのが勝つ秘訣であり、弱者はそのような戦いをしてはいけないということになるのだ。

また「強者」「弱者」の違いもはっきりさせなければならない。状況によっても、変わってくるケースがあるからである。たとえば、サントリーはウイスキー部門では強者だが、ビール部門では弱者になるということもあるのである。

ランチェスター第一法則に支配される戦いは
挟い地域での局地戦
一騎討ち型
接近戦
ランチェスター第二法則に支配される戦いは
広域戦
一人が複数を同時に倒せる近代兵器を使った戦い
遠隔戦

7 強者の戦略と弱者の戦略

ランチェスターの第一法則にしろ、第二法則にしろ、同じ性能の武器を持っているのであれば、兵力数の多いほうが勝つということになる。ただ、その違いを比較すると、勝者の残存兵力に違いが出るということだ。

たとえば、A軍の兵力が10人で、B軍の兵力が8人とする。B軍が全滅するまで戦ったとすると、第一法則の戦いであれば、A軍の残存兵力は、たとえ勝ったにしても2人しか残らない。それに対し第二法則の戦いで臨めば、6人も残ることになる。

結論として強者にすれば、第二法則で戦ったほうがはるかに有利ということがいえる。弱者とすれば、そういう戦いは避けなければならないということである。戦局を有利にするには、強者と弱者では、選ぶべき戦略が違うということである。

●弱者がとるべき戦略（戦法）

①敵が視界に入るような狭い範囲での局地戦に持ちこむ！

②一騎討ち型の戦いを挑む！

③接近戦で戦う！

④兵力を集約させ一点集中攻撃をかけろ！

⑤陽動作戦で敵をかく乱、敵の注意を別に向けろ

●強者のとるべき戦略（戦法）

①敵が視界に入らない広域な総合戦を挑め！

②一人が多数を標的にできる集団型の戦闘（確率戦）に持ちこめ！

③接近戦を避け、間接的かつ遠隔的戦闘場面を作れ！

④圧倒的な兵力数、物量で包囲戦で勝敗をつけろ

⑤誘導作戦で敵を分散させろ！

という、弱者、強者それぞれの5つの基本法則が導き出される。

太平洋戦争でアメリカ軍が日本軍を圧倒したのは、この「強者の戦略」をとったことによる。

私の軍は人数も少ないし
武器も貧弱です
君のとるべき作戦はランチェスター第一法則だ
挟い所で戦う
一騎討ち
一点集中攻撃
接近戦
陽動作戦で敵をかく乱
こうすれば弱い君でも勝てるチャンスがある
私の軍は十分に戦力があります
君のとるべき作戦はランチェスター第二法則だ
広域な総合戦
一人が多数を標的にできる集団型の戦闘
遠隔的な戦闘
圧倒的な兵力物量での短期決戦
誘導作戦で敵を分散！こうすれば君の勝利は完ぺきだ

8 ▽ 戦力は戦略力と戦術力に分けられる

前に述べた通り、このランチェスターの法則を実戦で役立て、おおいに戦果を挙げたのがアメリカ軍だ。コロンビア大学のB・O・クープマンといった数学者たちがランチェスターの法則に修正を加え、「ランチェスター戦略モデル式」として展開したのである。戦況は刻々と変化するものだという前提のもとに、つぎの4つの基礎的要素がまとめられたのである。

①戦いは、消耗と補強によって敵味方双方の兵力数が常に変わるなかで行なわれる。

②敵味方双方の武器は常に生産されており、しかもその性能において相手よりより優位に立とうとする努力が休みなく続けられている。

③戦闘力は後方からの補給力に左右されるが、その補給を支えるのは国家の生産力だ。戦争になれば、国家の生産力は、敵の戦略力、自国の防衛力に左右される。

④敵味方の生産率も時間とともに変化する。そこで、ランチェスター法則の武器効率（E）を生産率の比に置き換え、戦闘力を戦略力と戦術力の二つに分けて考える必要がある。

これらの考え方から、敵味方の損害量が均衡する条件を方程式であらわしたのがランチェスター戦略モデル式である。（戦略モデル式）

クープマンらの功績は、戦力を「戦略力」と「戦術力」という二つの力関係に分けたことにある。つまり近代戦においては、間接的な戦闘力と直接的な戦闘力があるとした。言うまでもなく、間接的な戦闘力が戦略力、直接的な戦闘力が戦術力ということになる。

たとえば兵器を作る生産力は、直接、戦闘に関わる力ではないが、兵器の数と性能を規定する大切な要素だ。これらの間接的な戦闘力が戦略力なのである。

これが戦術力
見てわかりやすい部分だ
兵器工場
しかし大切な要素がこの戦略力なんだ

9 戦略2、戦術1の法則

ランチェスター法則そのものは、いたって単純で、初期兵力の戦いだけで想定されたものだ。そこには補給という考え方は入っていなかった。しかし、戦闘において兵器の開発や補給を抜きに考えることはできない。そこで、クープマンらが考案したのが「ランチェスター戦略モデル式」である。

さらに、戦闘力の配分をどのようにすれば、最も敵に損害を与えられるかという、「戦闘力配分の法則」をも発見したのだ。結論だけ述べると、最小の損害で最大の成果を上げるには、全戦闘力の三分の二を戦略力に、三分の一を戦術力に配分するのが望ましいということが分かったのだ。

兵器にも戦略兵器と戦術兵器があり、敵の戦略力をたたくのが戦略兵器で、戦術力を叩くのが戦術兵器だ。たとえばB29が戦略爆撃機といわれたのは、敵の兵器生産能力（工場）や補給網を爆撃するためのものだったからである。太平洋戦争にいて、アメリカ軍はこの戦略力2、戦術力1の原則をかたくなに守って、成果を上げた。

この戦略力2、戦術力1の原則は、そのままマーケティングの分野にも置き換えることができる。

市場競争における戦略力とは、見えざる領域の意思決定であり、これに対する戦術力は、その戦略を達成するための行動である。ここでも戦略力と戦術力の配分は2対1でなければならない。

このように、初めに戦略ありきで、企業間競争においても戦略が勝ち負けを大きく左右する。

また、ランチェスター戦略モデル式からは、マーケティングにおいて適用される大切な数値が割り出せる。たとえば、次項で解説する占拠率のシンボル数値も、ここから算出されたものだ。

これは、自社の商品が市場でどれだけの占拠率をとれば、競争市場において、どれくらいの地位にあるかを示す数値である。

戦略力と戦術力の配分は
2対1が望ましい
戦術力 全体の$\frac{1}{3}$
戦略力 全体の$\frac{2}{3}$
兵器工場

10 三つの数値目標

企業間での販売競争は、市場占拠率によって勝敗が決する。そこで企業にとって占拠率を高めることが、大きな課題となってくるのだ。ランチェスター戦略が、ビジネス面に応用されるのは、まさにこの占拠率を高めるためにあるのだ。

そのためにはライバル会社との競争において、何パーセントまでシェア（占拠率）をとることが必要なのか、何パーセントまでとれば安全圏に入ることができるのか、目標数値を設定する必要がある。ランチェスター戦略モデル式からは、

①73・9％ ②41・7％ ③26・1％

という三つの目標数値が割り出せる。

73・9％という数字は、上限目標といわれるもので、この数値まで占拠すれば独占とみていい数字である。ただ、73・9％のシェアをとったからといって、その地位が不動のものであるとは限らない。圧倒的シェアを誇っていたキリンビールが、「スーパードライ」を出したアサヒビールに追い上げられているのがいい例である。（ただし、これは政府統制の酒類事業という枠の自由競争のない中で発生した特殊な事例ではあるが）

100から73・9を引いた数字が26・1％という数字。これは下限目標といい、1位のシェアを占めているとしても、26・1％以下では、シェア争いはまだ決着はついておらず、まだまだ不安定ということになる。薬品業界や生命保険の業界が、このケースにあたる。26・1％という数字は強者と弱者を分ける数値といっていい。26・1％のシェアを越えた企業は強者の分類に入る。

これに対して、41・7％という数字は、安全圏に入ったという目安となり、相対的安定値といわれる数値である。強者の安全が保障された条件だ。トヨタ自動車や松下電器などそれぞれトップ企業のシェア目標は、つねに40％である。

独占
73.9%
安全圏
41.7%
とりあえず強者の仲間とみなしてもらえる
26.1%

11▽射程距離理論とは？

上限目標（73・9％）と下限目標（26・1％）を合算すると100％になる。シェアを二社で争っていたとすると、片方が73・9％のシェアを抑えたと仮定すると、残りの一社のシェアは26・1％。そのシェアの比は、およそ3：1。つまり、二社間の間では、3という数字が、勝利の分岐点ということになる。3対1以上に、双方の力関係が開いてしまったら、完全に勝負ありで、逆転は不可能ということになってくるのだ。

これを「射程距離理論」あるいは「サンイチ（3対1）の原理」という。ただし、これはランチェスター第一法則に支配される一騎討ち型の局地戦においてである。

これが三社以上の競合による、確率戦、広域戦になるとどうなるか？　その場合、ランチェスターの第二法則が作用して、2乗比の差で決着がついてしまう。つまり、2乗して3対1になれば決着がつくということで、$\sqrt{3}$：1が、勝敗を決定づける比率といえる。

シェア争いで、二社間の間での争いでは3倍、業界全体での広域戦では$\sqrt{3}$以上の差がついてしまうと逆転できなくなる。逆にいえば、それ以下の差であれば、勝敗は決定しておらず、逆転は可能ということになる。

それでは、逆転不可能といっても、$\sqrt{3}$倍以上、（局地戦なら3倍以上）の差がついてしまったら、絶対に逆転不可能かというと、例外もある。たとえば、下位の会社が爆発的なヒット商品を開発したとなれば、逆転は起こりうる。しかし、多くのケースでは、そういうことは起こりにくいから、逆転不可能なほど差が開いてしまえば、撤退するか、あるいは、一気に逆転を狙うのではなく、〈射程距離〉内に差を縮めることを当面の目標に置くという戦略をとるべきだ。

自社
他社
可能性あり
射程距離を考えることだね
自社
他社
あきらめたほうがいいよ

12 占拠率四つのパターン

占拠率の目標数値と、射程距離理論から、占拠率競争のパターンは、四つに分けることができる。

まず第一に、「分散型」。1位、2位、3位といった企業の占拠率の順位間の差が、いずれも$\sqrt{3}$倍以下の射程距離内にある場合をいう。突出したナンバーワン企業がなく、どんぐりの背比べのようなシェア争いをしている状況だ。日本の鉄鋼市場やアイスクリームの市場がこのパターンで、国内の全体の商品のおよそ半分が、この分散型になっている。その大半が、ナンバーワン企業でも、そのシェアが26%以下という混戦状態である。

「分散型」の場合、企業間の力関係の均衡を崩すには、企業合同といった戦略が、もっとも手っ取り早い。寡占状態になるには、企業間の吸収・合併ということになる。

第二に挙げられるのが、「二大寡占型」。これはナンバーワン企業とナンバーツー企業の占拠率を合計すると、上限目標値（73・9%）を越え、さらにこの二社間の占拠率が$\sqrt{3}$倍以内にある場合をいう。カメラ一体型VTR（松下電器産業とソニー）が、これに当てはまる。

第三に挙げられるのが、「相対的寡占型」。2位、3位の企業の占拠率を合計すると1位の占拠率を上回り、さらにその差が$\sqrt{3}$倍以内にあるケース。上位三社間で、熾烈なシェア争いが展開される。一眼レフカメラにおけるキャノン、ミノルタ、ニコンの三社の争いが、典型的なパターンといえる。

第四に挙げられるのが「絶対的寡占型」。ナンバーワン企業のシェアが41・7%を超え、2位と3位の占拠率を合計してもナンバーワンを下回り、1位企業が市場を独占しつつある状態だ。国内での自動車のシェアでは40%を超している一位がトヨタであり、二位以下の日産・本田の二社を加えても一位以下であるこの業界がその例となる。

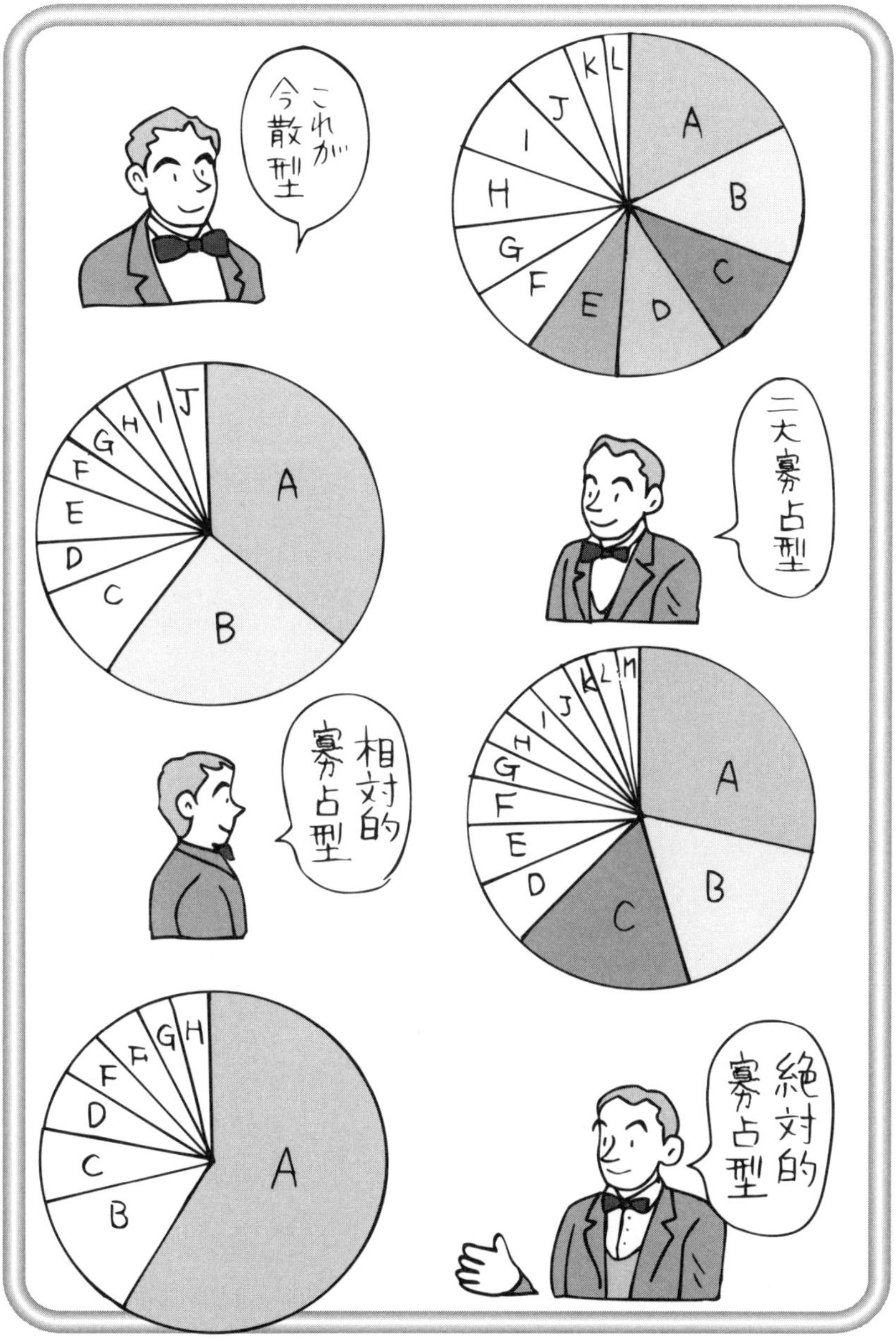
これが分散型
A B C D E F G H I J K L
二大寡占型
A B C D E F G H I J
相対的寡占型
A B C D E F G H I J K L M
絶対的寡占型
A B C D F F G H

第2章　弱者の戦略

13 局地戦型の地域で戦う

弱者、つまり新規参入者やマーケット・シェアが低い企業ほど戦略をたてなければならない。まともに強者に立ち向かっても、叩き潰されてしまうだけだ。広域戦型の地域では、どうしても確率戦になってしまうからだ。

弱者の戦い方としては、広域戦になるような地域やマーケット、チャネルを避けるようにする。つまり局地戦と呼ばれる狭いマーケットで勝負するべきだ。地域戦略でいうと、山に囲まれた盆地、島などだ。あるいは、広告を打っても、あまり効果がない地域や、人の移動があまりない地域も局地とみるべきだ。

県別に見ても、長崎県や佐賀県、岐阜県、山梨県、群馬県、長野県、青森県、山形県といったところは局地戦におあつらえ向きの地域である。東京でシェアをとろうと思ったら、まず八王子や青梅、府中といった多摩地区で勝たなければならない。初めは局地戦の地域から参入することだ。埼玉県は、広域戦型の地域だから、弱者はここから攻めていてはシェアを上げることはできない。

江戸時代の近江商人や上方商人もそのあたりは心得ていて、中仙道から甲州街道を経て八王子に出て江戸を目指した。最初に局地戦型の地域を攻め、最後に広域戦地域に参入していったのだ。

現在でも、大阪の企業にはその伝統が受け継がれ、たとえば、東北地方に進出するときでも、局地戦型の山形から入っていく。そこである程度成功をおさめたあとに、秋田、青森と進出し、最後に広域戦型の仙台へと向かう。

最初から広域戦型の仙台に進出しては、強者によってふくろ叩きに遭うのがオチである。

このように局地戦から入るのが、弱者のとるべき戦略である。

島
局地戦での戦いが有利だね
盆地
広告の効果がない地域
人の移動のない地域

14 強者の死角をつく

次に弱者が気をつけなければならないのが、三つ巴、四つ巴といった確率戦は避けるということだ。ランチェスターの第二法則でもわかるように、確率戦になれば強者が圧倒的に有利になるからである。そこで、一騎討ち型の勝負に持ちこみ、そこに相手以上の戦力を投入すれば勝てるからだ。

商品で考えても、強者はすべての製品を揃えるフルライン戦略をとるが、弱者はその中の一つに的を絞って、一騎討ち型の勝負を仕掛ける。それも、強者の商品とはできるだけ差別化を図るべきである。

地域戦略でも同じことがいえる。弱者は、できるだけ地域を細かくセグメントし、強者のセールスマンが回らないような死角になっているテリトリーを重点的に攻めるべきである。

強者の死角は、とくに県境などの境界線近くにできやすい傾向にある。

かつてアメリカのエイボン化粧品が日本市場に参入したとき、県境や区の境などを狙って成功をおさめている。東京を例に挙げると、新宿区と文京区の境目、目黒区と渋谷区の境目に一点集中の攻撃をかけて成果を挙げたのだった。

このように、外資系企業には〈境界作戦〉で成功しているところが少なくない。

また、県全体がフリーテリトリーになっている例として佐賀県が挙げられる。ここは、福岡県と長崎県の境目にあると捉えていいだろう。

販売競争において自分より強者に立ち向かうためには、地域、製品、顧客などを細かく分けて、強者の死角を探ることから始めるのだ。攻撃目標をはっきり定め、持てる戦力を一点に集中させる。

地域にしろ商品にしろ、集中させることができず、あれもこれもという販売競争を行なっていたのでは確率戦に持ちこまれ、強者に歯が立たないという結果が目に見えている。

力のない君は 三つ巴や 四つ巴は 無理だよ
ひぃ ひぃ
まず 強者の 死角を つくこと
県境などの 境界線 近くを 狙うと いい
そして 一騎討ちを 狙うこと
こうすれば 力のない君でも 勝利を得る ことができるんだ

15 一騎討ち型の戦いを挑む

　弱者が強者と戦うとき、三つ巴、四つ巴といったような確率戦になる戦いは避けなければならない。一騎討ちとなるような戦いであれば、強者も弱者も同格になり、勝機が生まれるからである。

　製品戦略を例にとってみても、強者はすべての製品ラインを揃えてくる。フルライン戦略と呼ばれるものである。これに対し、弱者も同じようにあらゆる製品を取り揃えようとしたら、戦略を分散させてしまい、どの製品も強者に勝てないことになる。弱者は、ここで強者の製品ラインの一つに的を絞り、一騎討ち型の攻撃を仕掛けて、一点に戦力を集中させるのである。

　さらに、強者の中の最大の盲点、最大の弱点部分に狙いを定めていくのだ。これが、弱者の絶対戦略である。

　流通ルートでも同様のことがいえる。弱者は、納入比率や店内シェアの型が一騎討ち型になっているような得意先が有利となる。仕入先メーカーが複数で、しかも納入比率や店内シェアが3対3対4というような相手は不利になる。一騎討ち型の問屋や小売店を選び出し、サービス競争や訪問度数といった戦術で勝負を挑むのである。

　テリトリー戦略でもそうだ。強者はオープンテリトリーという戦略をとる。オープンテリトリーとは、同じ地域に複数の代理店や販売会社を作り、お互いに競合させる戦略のことである。この強者の戦略と同じ方法を採用していたのでは、弱者に勝ち目はない。

　弱者は、地域をできるだけ細分化し、その中で強者の死角となっている地域に一点集中攻撃をかけるのである。

　味の素という会社が、一騎討ち型の商品戦略をとって成功している。キユーピーが独占していたマヨネーズに一騎討ちの勝負を挑んで業績を上げた。

よ〜し一騎討ちにもちこんだぞ!
一騎討ちならチャンスがある

16 接近戦を挑め！

弱者の戦略の三番目は、接近戦を挑めというものだ。これは強者に接近しろという意味ではなく顧客に接近しろという意味である。標的である顧客から離れていたのでは、ニーズを読み取ることができず、効率の悪い販売ということになってしまう。

そこで、訪問販売、直接販売、徹底したチラシ作戦、ローラー作戦などが威力を発揮するのである。

それに対し、強者は広範囲にカタログを蒔き、展示会を開き、広告媒体として新聞、テレビを使うといったことをする。いわば、遠隔戦である。網を投げて一気に大量の魚を捕まえようという作戦である。この方法なら、さほど、一人一人のニーズを探る必要もない。この強者には、徹底した接近戦で対抗しない限り、まず勝ち目はない。

ビックカメラが高崎市（群馬県）から東京に進出してきたとき、先発の業者であるヨドバシカメラやさくらやにどう対抗したか例を挙げてみよう。ビックカメラの従業員は、店内の仕事が終わった夜、全員で高島平などの団地に行って、全家庭の郵便箱にチラシを投げ込んだのである。弱者の参入は、地域限定で行うという典型である。同じ方法で、成長したのが、ピザの宅配で急成長したピザカリフォルニア。宅配する地域を限定し、成功した。

強者と違って、弱者は不特定多数を相手にするべきではない。そこで、顧客管理を行ない、顧客のリストを作成し、そこに集中してセールスをかけるのだ。セグメントされた地域の顧客をシラミつぶしに回って、そのニーズを調べ上げる。そこで作成された顧客リストから顧客の的を絞って攻撃をかけるのである。

接近戦を知らないで、ただ漫然と営業をしているようでは、顧客のニーズも見えてこないから、非常に効率の悪い動きをするハメになるのだ。

小規模ながらの売上をのばしている店舗というのは、こういった弱者の戦略をとっているものだ。

強者はカタログやテレビ新聞で広告をうつことができる
だが力のない君にはそんな大がかりなことはできない
じゃどうするか
できるだけお客様に接近して個々のニーズを細かく吸い上げることだよ
それはどうやるんですか？
訪問販売
直接販売
チラシ作戦
ローラー作戦
顧客のリストを作成し集中してセールスをかけるんだ
これは強者の広範囲な作戦ではできないことだよ
わかりました

17 一点集中に徹する

弱者の戦略の第四番目は、一点集中に徹することだ。確率戦になれば強者に対して、勝ち目は薄い。そこで、一点に集中して戦力を投入するのである。

そのためには、先ほども述べたように、地域、商品、顧客などを細かく分けて、強者の死角を調べ上げる。

この一点集中で多大な成果を挙げたのが、片岡物産である。トワイニング紅茶の輸入販売においてランチェスター戦略を導入して成功したのだが、それまでは紅茶の市場は、リプトンと日東が市場のほぼ大半をしめていた。

そこで当時弱小商社だった片岡物産が、トワイニング紅茶の輸入販売を始めた際にとった一点集中戦略とは、

①販路は高島屋のみ
②ギフト用に絞る（40％以上を目指す）
③形態はボックスだけ

と徹底したのである。おかげで、新規参入は難しいと思われた紅茶の市場で、片岡物産はシェアを確実にのばしたのである。いかなる戦いでも一点集中なくしては、勝ちを収めることは難しい。兵力の小出しや分散は、その効果をそぐだけである。

不況対策で、橋本首相（当時）は何度も財政投入を行なったが、失敗に終わったとみていいだろう。効果が薄いと見るやさらに追加の景気対策というように、分散させたことが、大きな失敗の一因だった。これを最初からまとめて一度に行なえば、もっと景気浮揚になったのではないかと思われる。

一点集中の目的は、小さな地域でも構わないから圧倒的なナンバーワンを作ることにある。地域でなければ、一つの商品でもいいから、ナンバーワンの条件の一つである40％の占拠率を、その一点において確保するまで、攻めつづけるのである。

たとえば片岡物産のトワイニング紅茶の輸入販売において取った作戦は…
ギフト用に絞る
販路は高島屋のみ
形態はボックス
化粧箱入り
EST 170
TWININGS
PRINCE OF WALES
TEA
こういう風に徹底したお陰でシェアをのばしたんだ
強者のシェアに割り込むためには強者の死角をつき一点に勢力を集中することだ
わかりました
集中

18 戦略の基本は差別化

成長期が過ぎ、現在のような成熟期、さらに加えて不況期ともなると、差別化が重要な戦略になってくる。商品の差別化、地域の差別化、顧客の差別化などがあるが、差別する対象も考慮しなければならない。ランチェスター戦略では、次の四つの差別化戦略が挙げられる。

①自分の過去の路線に対する差別化
②強者に対する差別化
③先発企業に対する差別化
④上位の地位にある企業に対する差別化

強者にとってみれば、その強者というだけで、安心感がある。知名度が高いというだけで、弱者に対して差別化ができているのである。弱者の立場にあって、強者と差別化できなければ、差が縮まるどころか、拡大する一方である。

①の自分の過去に対する差別化であるが、自社のこれまでのやり方が戦略的にベストであれば、必要はない。しかし、そうでないケースのほうがはるかに多い。その場合、過去の習慣を変えるということは、かなりの苦痛が伴い、エネルギーを必要とする。

②先発企業のマネをして、追いついたためしはない。後発が逆転するには、差別化戦略をとらなければならない。

③強者に対する差別化は、前項まで述べた通りで、●局地戦を選ぶ●一騎討ちに持ちこむ●接近戦に持ちこむ●一点集中で挑む、となる。

④上位に対する差別化は、強者、先発に対する差別化と同様だ。

逆にいえば、ナンバーワンの地位にある強者は、差別化するより、逆に下位の企業にミートさせるようにしなければならない。足下の敵を叩くという戦略である。

この企業の作戦がヒットしているようだ
うちもこの路線で行こうじゃないか
いいですね
それじゃだめですね
えっ
先発企業のマネをして追いついたためしはありませんよ
後発が逆転するには差別化戦略をとらなければいけません
差別化とは前にも述べた通り
局地戦一騎討ち接近戦一点集中
これだけです
かなりのエネルギーと苦痛を必要としますが生まれ変わるにはしかたありません
わかりました

19 流通チャネルの差別化

差別化にもいろいろ手法があるが、商品の差別化がまっさきに思いつく。しかし、この成熟した社会では画期的な商品がでることは難しく、さらに差別化したとしても、強者がミート（＝モノマネ）してくるので、その効果も長続きしにくい。

そこで、流通チャネルの差別化という方法がある。

まず直接販売か間接販売かという問題がある。日本ではすべての商品のおよそ70％が、卸や代理店を使う間接販売といわれている。強者が間接販売という手法をとるようなら、直接販売で対抗するという勝負の仕方もあるかもしれない。

ただ、直接販売を行なうには、①商品が成長商品であるか②特定の地域に限定して販売を行なう③市場の規模が明確なものを狙うこと、といった条件がついてくる。

次に、間接販売にしても大型店か中型店を利用するかの選択がある。ただ、国内市場では、明確な差がないというのが実情だ。

チャネルの差別化の第三の手段として、間接販売のルートに変化をつけるという手法がある。短期間に実績を伸ばしてきたような企業には、このような、間接販売の中のルートに差別化してきたところも多い。

たとえばアルミサッシメーカーのＹＫＫは、それまでアルミサッシがガラス屋や金物屋を通していたのを、新たに塗装業者や建具屋に商品を流すということをやって成功した。新しいルートを開拓することが差別化につながるわけだが、これが他社の同じ商品を扱う併売店になってしまう可能性も高い。そうなると流通チャネルで差別化するには、専売店・直営店しかないというのが現状だが、最近ではＩＴ化が進み、ネットビジネスに新規のルートを見出せるかもしれない。

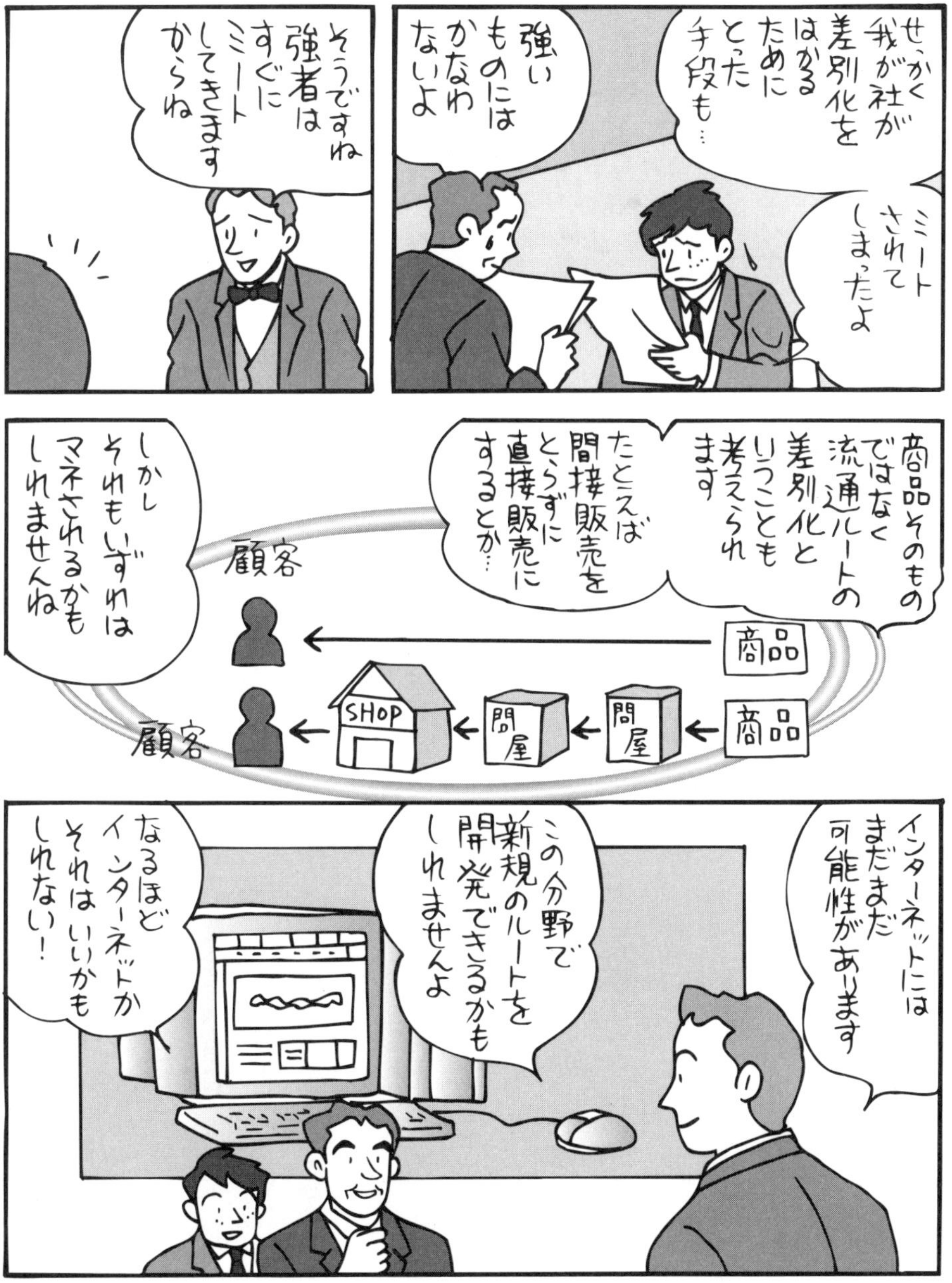
せっかく我が社が差別化をはかるためにとった手段も…
ミートされてしまったよ
強いものにはかなわないよ
そうですね強者はすぐにミートしてきますからね
商品そのものではなく流通ルートの差別化ということも考えられます
たとえば間接販売をとらずに直接販売にするとか…
しかしそれもいずれはマネされるかもしれませんね
顧客
商品
顧客
SHOP
問屋
問屋
商品
インターネットにはまだまだ可能性があります
この分野で新規のルートを開発できるかもしれませんよ
なるほどインターネットかそれはいいかもしれない!

20 地位における差別化

地位の上位に対する差別化は、前にも述べた。1位には1位の、2位には2位の、3位には3位の戦略がある。ただし、差別化戦略が必要なのは、2位以下であって、強者である1位の企業は差別化することはない。逆に2位以下の差別化をマネして（＝ミート）潰しにかかるという戦略がとられる。

ときには、強者は、弱者を挟み撃ちにかけることもある。いわゆるツーブランドシステムというもので、下位の企業が新商品を出したら、強者はそれと同種で、それより高い価格商品と安い価格の商品の2種類を出すのである。弱者の商品を挟み撃ちにして、シェアを奪うのである。

最も差別化の戦略をとらなければならないのが、2位の企業である。2位の企業が1位の企業と差別化せず、逆にミートしてしまったら、1位との差はますます広がってしまうだろう。2位企業は1位に対しては差別化し、3位の企業を攻撃する戦略をとるべきである。

同じように3位の企業も2位に対し差別化、4位を攻撃する戦略が必要だ。さらに、2位の企業が、こちらに攻撃をかけてくるのを逆に上の企業に向かせるよう、2位の企業を抱き込んで誘導させるようにすることもできる。

4位企業も、2位と3位企業を一緒にして1位企業にぶつけるという戦略がとれる。ビール業界で、キリンビールが1位を占めていたとき、2位3位のアサヒ、サッポロが「われわれの共通の敵はキリンだ」と思わせるキャンペーンをはってきた。上位二社の攻撃を自社に向けることなく、しかも地域限定主義などにあらわれるように差別化をはかっているのだ。

そのおかげで、4位のサントリーはビール部門では大手三社に対して最後発でありながら、つねに6％近くのシェアを安定的に確保している。

どうしても あいつには 勝てないよ
1位の強者
おまけに 2位や 3位からも 狙われて いるし…
じゃ こうして みたら…
みんなで 共同して あいつに あたろう ないか？
どうせ 1人じゃ かなわ ないんだし
それも いいな
よ～し そう しよう
おかげで 2位3位 からも 狙われずに 生き残れる よ

第3章　地域戦略

21 地域戦略の必要性

商品の差別化も流通チャネルの差別化が難しいとなれば、あとは地域の差別化か、価格の差別化になる。価格競争では、この不況下、総需要が伸びていないにもかかわらず、供給過剰気味で、すでに行きすぎた価格競争状態になっているといっていい。そこで、当面の戦略において最大のポイントは地域の差別化ということになる。

地域戦略の重要性が高まってきた背景について説明しよう。まず、地域ごとに一様性がなくなってきたということが挙げられる。高度成長時代が終わり、低成長時代で地方自治体ごとの財政状況もそれぞれに違ってきている。地方によって景気のいい地域と景気の悪い地域の差がハッキリしてきた。

次に人口のばらつきもさらに顕著になってきたということが挙げられる。少子化が進むなかで、大都市圏や地方の中核都市の人口は増えるものの、町村部での人口の減少、とくに若者の流出が進行している。高齢者の多い地域と若者の多い地域との格差がでてきて、両者の消費動向に違いが出るのは当然の成り行きである。IT時代を迎えて、オールドエコノミーの衰退、産業構造の転換が、それに拍車をかけている。

地域戦略の差別化には、大きく分けて二つの方法がある。ひとつは、地域ベクトルによる差別化。日本国内には、①日本海ベクトルと太平洋ベクトル②内陸線ベクトルと海岸線ベクトル③東西ベクトルと南北ベクトル、といったように対照的な地域ベクトルが存在する。日本全体をマクロ的に捉え、どのルートに重点を置くかによって差別化をはかることができる。

もう一つが、地域を細分化（セグメント）することによって差別化するという方法だ。①都市と郡部②県庁所在地とナンバーツー都市③二眼レフ型と一眼レフ型といった具合だ。

＊二眼レフとは同じような商圏の二都市が適当な距離をおいて存在していることです。

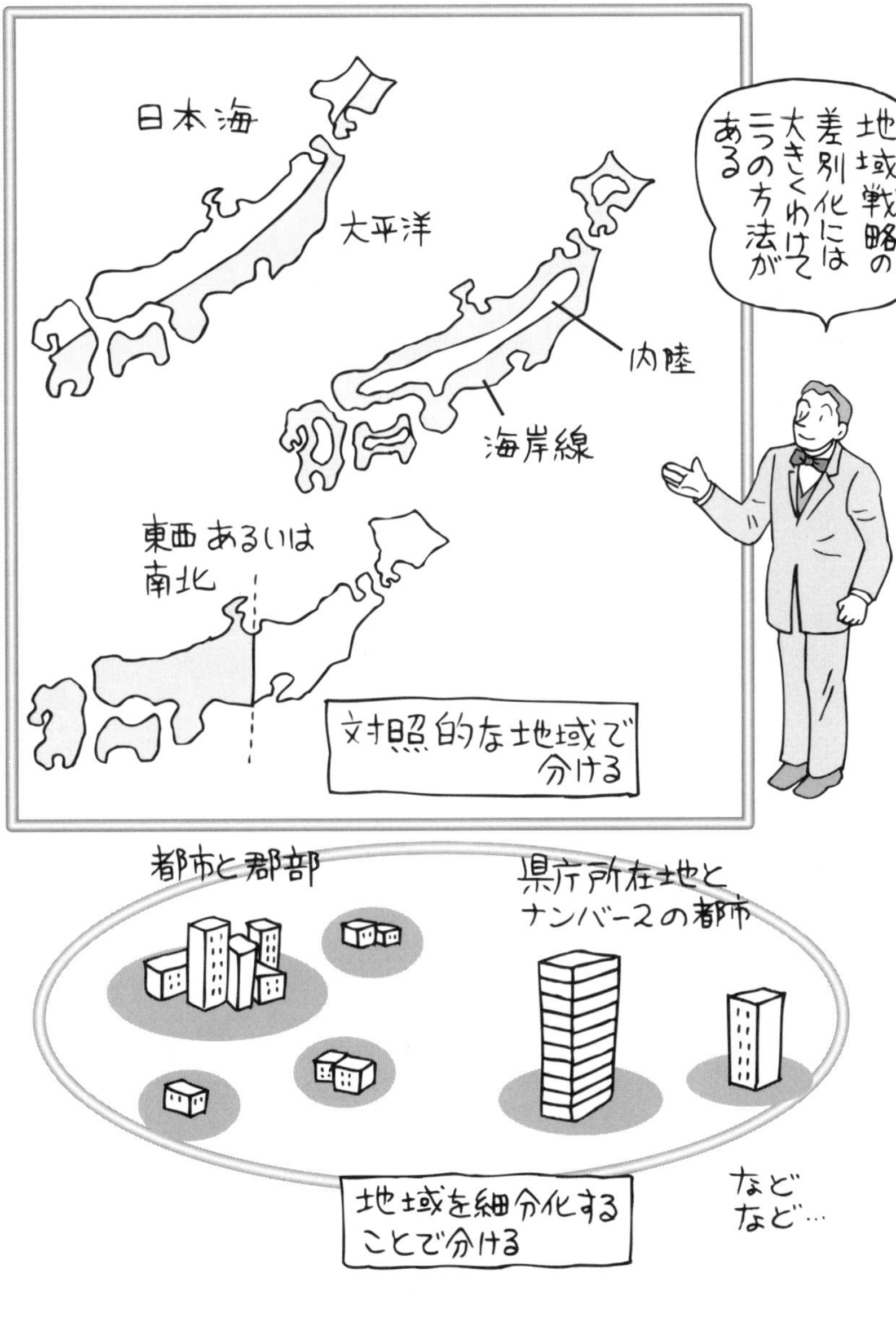
地域戦略の差別化には大きくわけて二つの方法がある
日本海
太平洋
内陸
海岸線
東西あるいは南北
対照的な地域で分ける
都市と郡部
県庁所在地とナンバー2の都市
地域を細分化することで分ける
などなど…

22 地域のセグメンテーションによる差別化

地域の細分化に①都市と郡部②県庁所在地とナンバーツー都市③二眼レフ型（相乗効果型）と一眼レフ型があると述べたが、それらについて説明しよう。

①の都市と郡部だが、都市部はだいたい強者が抑えているものだ。そこで弱者、あるいは後発企業なら郡部から参入するという手法がある。化粧品業界におけるナリス化粧品、シャンソン化粧品などは、直接販売方式をとりながら、郡部にターゲットを絞って成功している。

イトーヨーカ堂は、店舗を出すとき、ナンバーワン都市の県庁所在地などは避けて、ナンバーツーの都市を中心にしてやはり成功をおさめている。これは②の地域差別化の典型例といえる。

③の二眼レフ型とは、二つの商圏が隣接して存在する大きな商圏のことをいい、水戸市と日立市、高崎市と前橋市、青森市と弘前市の組み合わせが、その例だ。市場のシナジー効果（相乗効果）が発揮されやすい特徴がある。

これに対し、一眼レフ型とは、熊本市や、米沢市、盛岡市など決して二眼レフ構造になりえない地域をいう。

強者であるトヨタ自動車は、二眼レフ型地域に強く、その下位にある日産自動車は、一眼レフ型地域に強いという傾向がある。

ほかにも地域の性格によって分けることもできる。たとえば①城下町と宿場町②地場産業地域と工業開発地域③観光地域と港湾地域などである。それぞれの消費傾向は、当然のことながら異なってくるわけで、地域戦略を考える上で決して無視できない領域である。

地域戦略を考えるにあたって、都道府県市町村といった行政区域で地域を考えてはいけない。商圏は、行政区域とはまったく別のものだからだ。

大都市
これが一眼レフ型
大都市
これが二眼レフ型
大都市

23 敵とテリトリーを一致させない

地域を商圏に分けるとき、できるだけ細かく細分化することだ。業種によっても異なるが、小売商圏なら人口5万人、卸商圏の場合は人口15万人が、ナンバーワンの拠点作りの単位と設定していい。メーカーなら50万人の商圏を一つの単位と捉えるべきだ。

だから東京のように人口が過密しているところでは、30〜40のテリトリーにセグメントしなければならないし、過疎の地域では50万人をカバレッジするには、半径を50キロとか70キロまで広げなければならないことになる。東京の例でいうと、杉並区が50万人強の人口で、県でいうと鳥取県がその規模にあたる。

地域戦略を考えるとき、とくに注意しなければならないのは、敵とテリトリーを一致させないことである。2章の弱者の戦略で、強者の死角をつけと述べたが、これと同様だ。敵と同じ地域戦略をとれば、サンプル調査をやられて情報が筒抜けになってしまう可能性があるからだ。そして、敵が強者であれば、簡単にひねりつぶされてしまうからだ。

この場合、敵とテリトリーを一致させなくても、それが自社にとって有利でなければ意味がない。自社がナンバーワンになれるようにテリトリーを選択するべきである。

また、繰り返すようだが、行政区画でセグメントするのではなく、山や川によって切断される地形、交通機関、道路事情、人口の移動、今後の地域開発計画など、あらゆる角度からロケーションを考慮に入れる。

国勢調査や商業統計、住民台帳などの官庁資料を使って市場調査を行なうのは有効な手だてではあるが、行政区域別のデータを、テリトリー別（販売区域別）に修正しなければならない。また官庁資料はデータが古いことが多く、１００％あてにできないということは頭に入れておくべきである。

まず地域をできるだけ細かく細分化すること
地域というのは行政区画ではなくて山や川で切断されたり交通機関などで区切られる地域のことだよ
わかりました
また人口の密度によって地域の細分化は異ってくる
密度が大きいところでは細かくなるだろうし
過疎の地域ではそれが大きくなるだろう
一番大切なことは敵とテリトリーを一致させないということだ
敵のテリトリー
自分のテリトリー
よくわかりました

24 ▽テリトリー再編の重要性

不況が長引き、構造変革が求められる時代になり、企業の地域戦略も大きな転換をせまられるようになってきた。インターネットが急速に普及する中、情報や文化が大都市に集中する時代は終わり、地方の時代が始まったとみるべきである。

地域ごとのバラツキがあらゆる面で生じるようになってきた。地方自治体ごとに財政事情は異なり、住民の年齢構成も地域ごとの差がますます顕著になってきている。こうした地域格差は、当然、消費動向にも影響を及ぼしているのである。

そうした中で、とくに全国販売を展開しているような企業の画一的な地域政策は、再検討が迫られる。これが地域構造の変化に対処しなければならない第一の問題だ。地域ごとのバラツキに対処していかなければならないのである。大きく見た場合、東日本を中心に営業を行なうのか、西日本を中心に営業を行なうのかといった問題が出てくる。

第二に問題になるのは、販売地域の広さと営業マンのアンバランスだ。営業マンが全国をカバーできないのであれば、代理店に依存しなければならないが、その配置が時代の変化とともに適正でなくなってきているケースも多い。代理店のスクラップ・アンド・ビルドの問題がそこに生じる。立地上の構造から、テリトリーの再編を行なわない限り、売上は伸びないようになってきているのだ。

テリトリーの再編と同時に検討しなければならないのが、直間比率の問題だ。日本では、はるかに間接販売にかかる比率がはるかに高い。この片寄りすぎた直間比率の是正、すなわち直接販売のウエイトを高めることが、流通チャネルの差別化にもなるのである。

インターネットによるオンライン・ショッピングはまさに直接販売のツールとなり、使い方によっては弱者に有利になるのである。

インターネットの長所は地域差がないこと
バーチャル shop
直接販売であるが故に中間手数料がかからない
使い方次第では我々弱者に有利な武器になりそうだ

25 三点攻略法とは？

攻撃する戦略地域を定めたら、そこにどう攻撃していくか？　たとえばAという地点を、攻撃目標として選定したとき、A地点の状況にもよるが、いきなりA地点で占拠率ナンバーワンを狙うようなことはしない。Aが、市場として有望であるほど、後発の弱者は確率戦に持ちこまれて不利になる。そこで、攻略の手順として、三点攻略法が有効な手立てとなってくる。

三点攻略法では、いきなりAの中心地に進出するようなことはしない。Aの周辺地域をセグメントし、市場調査をする。その中から自社にとって最も戦いやすい地域を選び、一点集中攻撃をかける。40％の占拠率を達成できたら、そこが「第一の点」になる。

次にセグメントした地域からもう一つの候補を選び出し、そこも40％の占拠率に達成するまで攻撃する。ここが「第二の点」になる。第一の点と第二の点を結び、線が形成されたことになる。

線の形成が終わったら、Aを取り囲むかたちで第三の点を打つ。これを確保したところで、「面の形成」となる。Aを中心に三角形が形成されたことになる。

面積が形成されたところで、最後に最終目的地であるAの中心部に、第四の点を打つのである。このAに対し、三方から攻撃を開始する。三角形全体が占拠率40％になるまで攻撃を続けるのである。自動車メーカーのフォルクスワーゲン社が海外市場に進出するときに、この三点攻略で成功したという実績がある。

ランチェスター戦略の実戦で応用したのは、太平洋戦争でのアメリカ軍であるが、この三点攻略法はまさに上陸作戦のときに活用されたのである。島への上陸作戦で、第一、第二、第三の上陸地点を設け、最終的に島のど真ん中に三方から攻撃を仕掛け、島全体を占領したのである。

まずAという地点を攻撃目標としたとする
まずAの周辺のやりやすい地域に進出する
ここを占拠し第一の点とする
次にやはりAの周辺からもう1点を選び出し
ここも占拠する
第一の点と第二の点を結んだら
第三の点を選び出し
やはり占拠する
こうして三角形が形成されたところではじめてAの中心部に進出する
こうして目的を達成するのである

26 第一上陸地点はどこにするか？

三点攻略法がうまくいくかどうかは、点を打つ地域をどこにするかによる。とくに第一の点（第一上陸地点）は重要だ。どこから占拠率40％をとるかの問題だからだ。

アメリカ軍の上陸作戦では、三つのポイントが挙げられた。第一が、相手の弱いところから上陸するというもの。第二に、上陸しやすい地点。そして第三は、陽動作戦的な地点、すなわち相手の判断を混乱させ、注意を引きつけておいて第二上陸地点を確保しやすいところというものだ。これを、マーケティングの世界で応用するとなるとどうなるか？

まず、自社にとって戦いやすい地域、敵のウィークポイントということになる。イトーヨーカ堂が出店する際に、ナンバーワン型地域の県庁所在地を避け、ナンバーツー型都市を選定してきたなどは、その例に当てはまるだろう。

そして第二上陸地点とのつながりも考慮に入れなければならない。第一上陸地点の占拠率40％を確保したらそれで終わりというわけではなく、第二上陸地点と合わせて線を形成しなければならないし、さらに最終的には面まで形成するという目的があるからだ。

そこで立地的に供給性を持っているか、ターミナル性の交通の要衝かということになる。または、面を代表する地域、「情報センター」か「縮図」型地域ということになる。情報センターは、ほぼナンバーワン型の県庁所在地に立地していることが多く、ここはすでにライバルに占拠されているとかんがえていい。そこで、「よそ者」が少ない縮図型の地域がねらい目となる。城下町が縮図型の代表例だが、外資系企業がそこを日本の上陸地点にしがちなのは、そういう理由による。以上のさまざまな条件のなかから、ふさわしい地域を選定しなければならない。

上陸地点は
まず
相手の弱い所を
狙う
第二には
上陸しやすい
地点
そして
第三は
陽動作戦を
取りやすい
地点
そこに
上陸すると
見せかけて
別の
地点から
上陸する
こっちから
上陸と見せ
かけて…
実はこっちから上陸
上陸地点に
よっては
40%の占拠
できるか
どうかが
左右される
からね
大切な
問題だよ

27 第二上陸地点と線の形成

第一上陸地点に点を打つことに成功したら（占拠率40％に達したら）、第二上陸地点に点を打つ。第二地点は、第一地点と「線」を形成するという視点から選択しなければならない。

その方法は、その地域がどの方向へ向かって成長していくか、といった地域発展のベクトルに沿って線を引くのがベストだ。具体的にいうと、地域の再開発はどの方向に向かっているか、人口はどの方向に向かっているか、といったことになる。

人口の移動に関しては法則があって、「人口は地価の低きに流れる」「住宅地は、レジャー地域に向かって発展する」というものだ。この法則性は、地域発展のベクトルに大きな影響を与える。

ほかに、線には歴史的、あるいは地形的にすでにできあがっているものもある。山沿い、河川、道路、鉄道といった地形的条件である。

マーケティングの視点からも、線の形成で戦略上大切なポイントが3つある。その3つとは、

①入り口と出口のとらえ方

②上り線と下り線

③後発の差別化による中間点のとらえ方

線の構造には入り口と出口があるが、これはたとえば、商店街などにもある。こういった入り口と出口を抑えることが、線の形成の条件の一つといえる。

線の形成の次のポイントとして挙げられるのが、上り線と下がり線のベクトル。主に鉄道で、上り線、下り線といわれるが、城下町でも北へ向かうことを「上り」、南に向かうことを「下り」という。わが国での経験則でいうと、この上り線のベクトルに沿って、線は形成されなければならない。

最後に、入り口も出口も先発企業に抑えられていたとしたら、後発としてはその中間地点を狙って、拠点を築かなければならない。それが、差別化につながるからである。

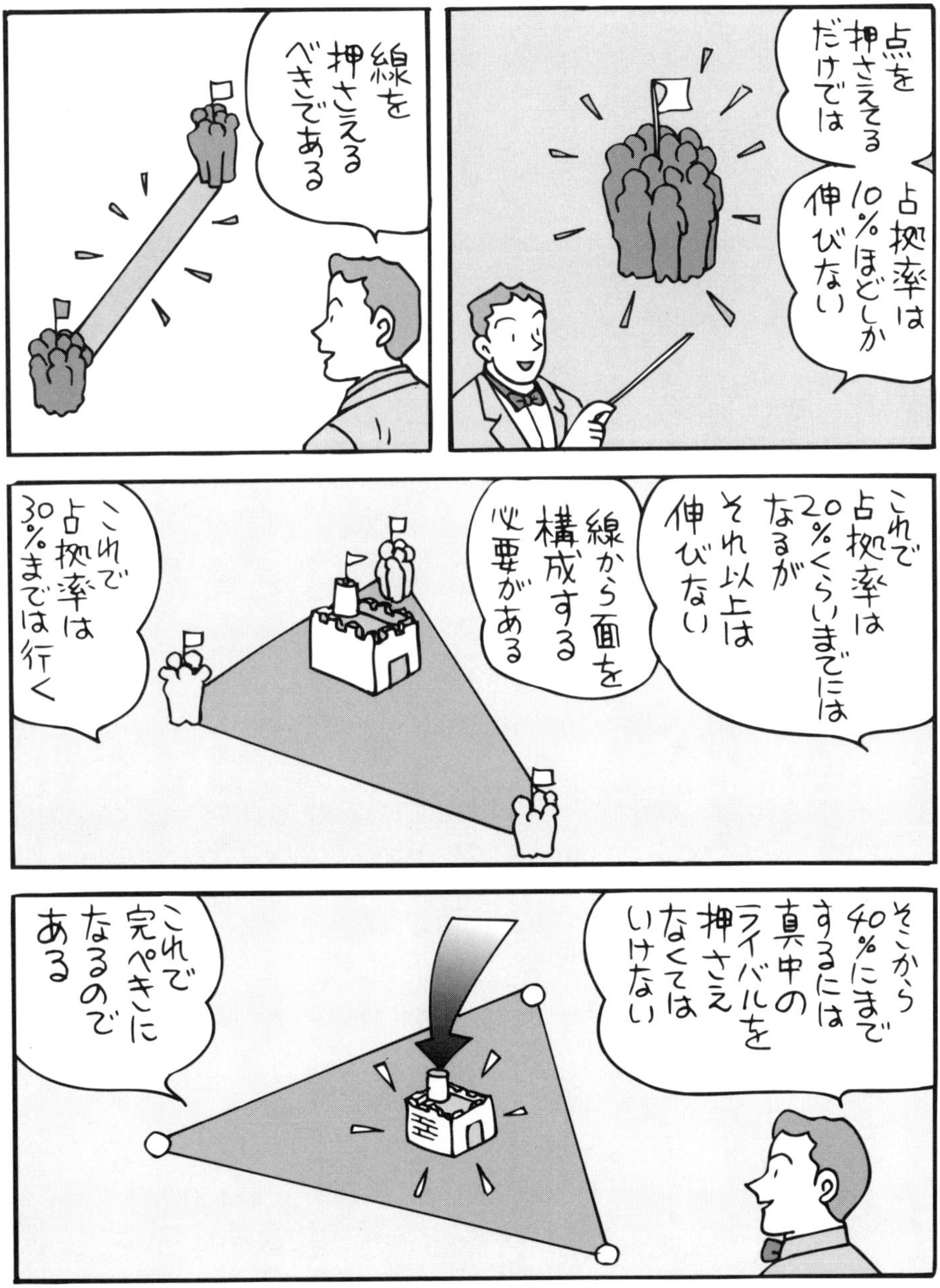
点を押さえてるだけでは
占拠率は10%ほどしか伸びない
線を押さえるべきである
これで占拠率は20%くらいまでにはなるがそれ以上は伸びない
線から面を構成する必要がある
これで占拠率は30%までは行く
そこから40%にまでするには真中のライバルを押さえなくてはいけない
これで完ぺきになるのである

28 第三上陸地点と面の形成

線が形成されたら、次のステップは第三上陸地点の攻略による「面」の形成だ。最終攻撃目標地域を包囲する陣形づくりが、その目的である。このとき、三つ目の最終攻撃目標がどういった地域であるのか、そのコンセプトをはっきりさせなければならない。もちろん、第一上陸地点で最初の「点」を打つ際に、戦略を立てているはずだが、ここで最終的に再確認する必要がある。

マーケットが最大である地域かもしれないし、ナンバーツー型都市のケースもあるかもしれない。大市場や大都市でなければならないこともないが、最終攻撃目標地域の位置付けをはっきりさせておく。

三点攻略における「面」形成で、日本独特のジンクスで注意しなければならないポイントが二つある。

一つは、どの地域かによって、時計回りに三つの点を打つのか、その逆に三つの点を打つのかという問題である。たとえば東京を最終攻撃目標にしたとき、神奈川→埼玉→千葉という順番に攻略していくとうまくいくというジンクスがある。これは関東地方での地域戦略の基本となる。

これに対し、名古屋を攻略するときは、岡崎→岐阜→津と、時計と反対回りで「面」を形成されるケースが多い。

次に注意しなければならないのが、三つの点を打つときは、局地戦だが、三つの拠点から中心部に攻撃をかけるときは確率戦になるということである。つまり、「面」の形成まではランチェスターの第一法則に支配される戦いであり、最終攻撃目標を攻め落とすときは、ランチェスター第二法則での戦略で戦わなければならないのである。

地方から東京に進出してくる企業が成功する確率が10%程度といわれるのは、一つには東京を囲むのにプロセスを踏んでいないということ。もう一つが、局地戦と確率戦の使い分けができていないことだ。

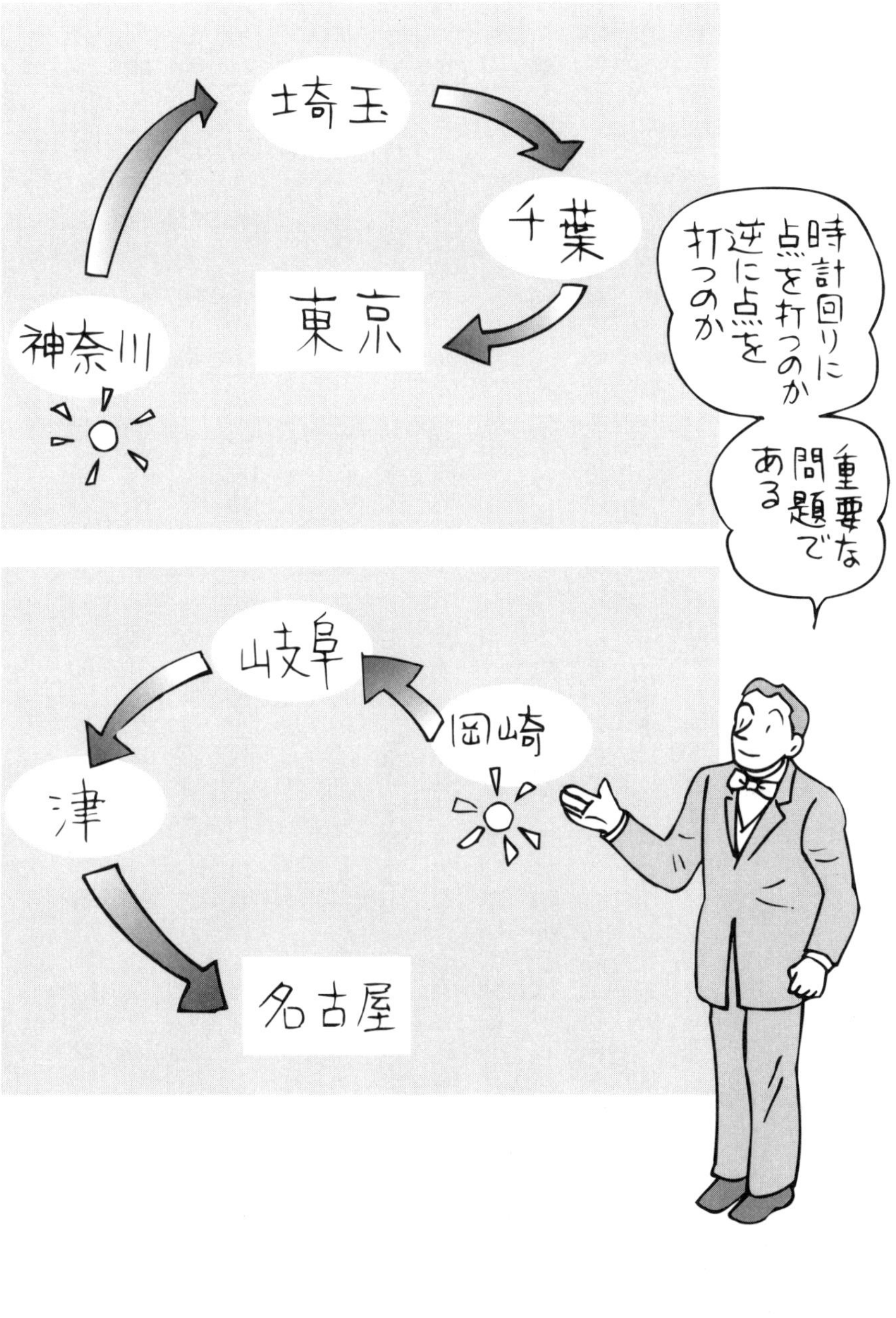
埼玉
千葉
東京
神奈川
時計回りに点を打つのか逆に点を打つのか
重要な問題である
岐阜
岡崎
津
名古屋

29 中心部への集中攻撃

周辺の三点を攻略し、「面」を形成しただけでは、まだ敵を攻略したことにはならない。三点攻略法の仕上げとして、三つの点から中心部に対する集中攻撃が上げられる。もとより、この中心部を攻め落とすことが、三点攻略法の最終目標であるからだ。

この中央部への集中攻撃は、太平洋戦争におけるアメリカ軍の上陸作戦では、爆撃機による熾烈な一点集中攻撃となって実行された。まさに物量作戦といわれたものだ。

アメリカ軍が取り入れた中心部への集中攻撃は、ビジネスでのセールス戦略でもそのまま当てはめることができる。形成された面の中心部は、巨大な市場かライバル社ががっちり占拠しているケースが多い。そのような地域だからこそ三点攻略法で、攻め落とそうとしているから当然である。つまり、最終攻撃目標となる地域を攻め落とすには、圧倒的な兵力数が必要とされ、コストと時間もかかる。

先に述べたように局地戦型の地域ではなく、確率戦型の地域だから、チラシなどの広告やイベントなどの販売促進策は、これまでの三つの地域とは桁外れな量を投下しなければならない。兵力の小出しは、ムダになる。

面の中心部に、集中攻撃をかけることによって、占拠率（販売実績など）の上昇は、急角度で上昇し出す。面全体、地域全体が自社によって占められるわけだが、その伸び率は、突然ドライブがかかる。

販売実績など業績の伸びは、右肩あがりに直線的に伸びるのではなく、初めは緩やかな傾斜だが、あるときを境に、急カーブを描いて伸びることがあるが、たいていは中心部攻略が成功したときにあらわれる。占拠率でいえば、相対的安定値である40％を達成したときだ。ただ、そこにいたるまでは、かなりの労力が必要で、最も難航するものである。

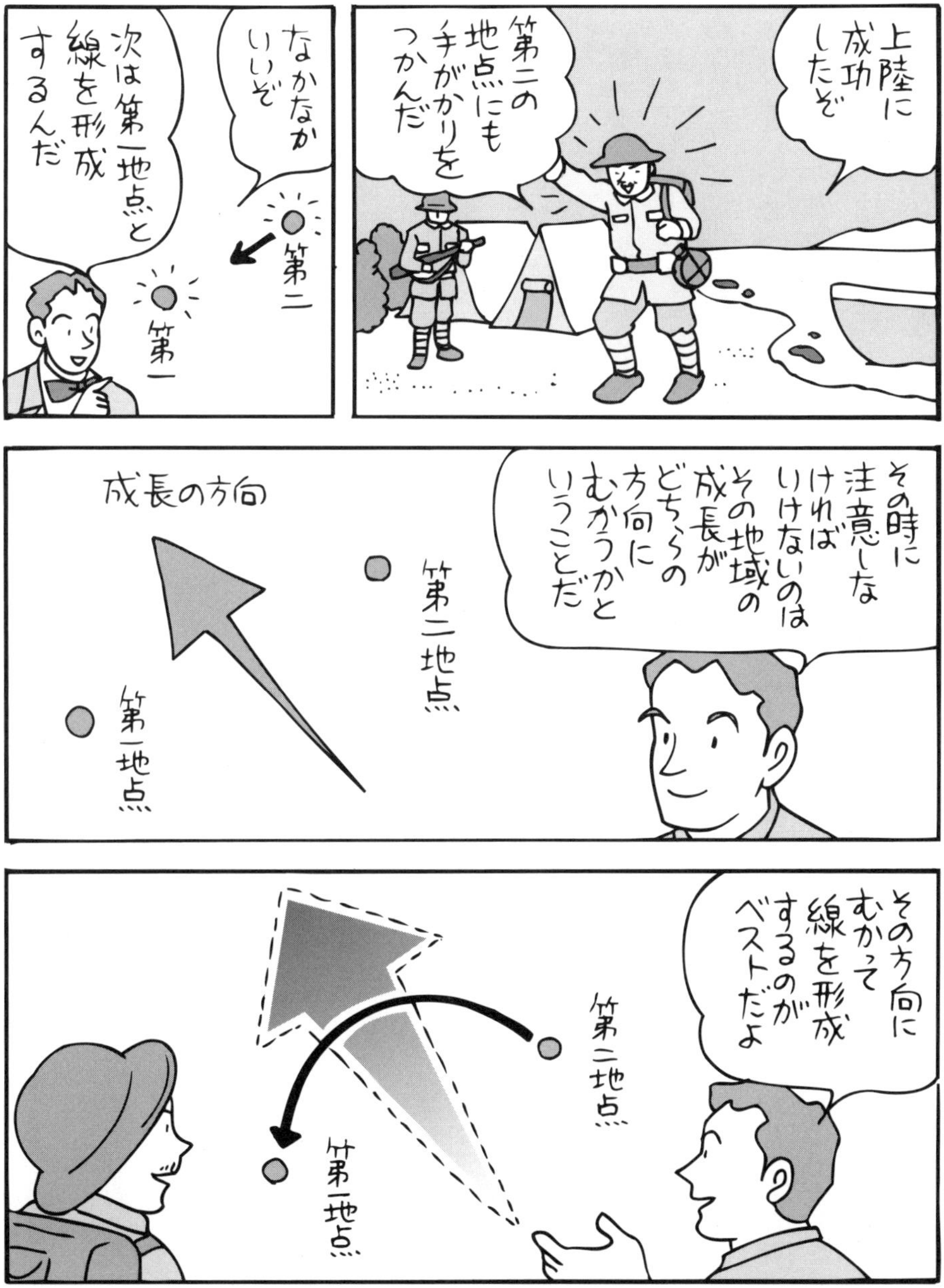
上陸に成功したぞ
第二の地点にも手がかりをつかんだ
なかなかいいぞ
次は第一地点と線を形成するんだ
第二
第一
その時に注意しなければいけないのはその地域の成長がどちらの方向にむかうかということだ
成長の方向
第二地点
第一地点
その方向にむかって線を形成するのがベストだよ
第二地点
第一地点

30 ▽三点攻略法と占拠率の推移

三点攻略法における「点」「線」「面」の形成ごとに、占拠率が、どのように推移していくか述べよう。

まず占拠率が10％まではいったが、それ以上伸びないという状態。「足がかりをつかんだ」という言い方であらわされる。これは「点」は押さえているが、「線」ができていない状態である。「線」を押さえない限り1割以上の占拠率にはなりにくい。

次に占拠率20％止まりの企業。「線」は抑えているが、「面」は形成されていない状態だ。三角形の一辺は押さえているが、さらにそこから伸びる線ができていないから、面になっていないのである。

たとえば、20％以上のシェアを獲得するのが難しいとされる大阪。ここは、もともと御堂筋とか心斎橋筋、天神筋といったように「筋」（線）の市場で成り立っているからである。

たとえばトヨタ以外の自動車メーカーが、20％どまりのシェアしかとれないのも「線」でしか市場を押さえられないからだ。東北地方で、盛岡と仙台の間だけ押さえるとか、新潟と秋田の線だけ押さえるといった状態である。それぞれの線を延ばして、青森で接点を持たせれば「面」が形成されてシェアも飛躍的に伸びるはずだが、そういった肝心の拠点をトヨタに押さえられているのだ。

占拠率30％に乗せるには、線と線をつながなければならない。シェア30％という数字は、「外堀を埋めた」という状態だ。三つの拠点を押さえて、包囲陣形はできているのである。

そこからさらに40％に乗せるには、真ん中を押さえて「面」を形成しなければならない。

この40％という数字が、非常に難関だ。30％まではすぐに達成できても、40％までは労力と時間がかかる。トヨタ自動車が30％から40％に達するまで8年かかり、資生堂もようやく40％に到達するのに7～8年を費やしている。

ここ
中心部攻略が
成功した時に
突然として
伸びる
しかし
それを
成功させる
には圧倒的な
チラシ広告
イベント等の
投下が
必要となる

第4章　各地の地域特性

31 西側拠点説と北守南進説

わが国での地域戦略において、二つのジンクスがあるので紹介する。一つが「西側拠点説」といわれるものであり、もうひとつが「北守南進説」である。

西側拠点説は、点を最終目標地として狙う地点の西側に打つとうまくいくというものである。具体的な例を挙げるなら、盛岡市を押さえるのであれば、一の関市を、高松市を押さえるのであれば、松山市を、広島市を押さえるのであれば、北九州・小倉を押さえろ、ということになる。

日本の過去の例では、事業家として東から西に出て成功したというケースは少ない。ジンクスとしかいいようがないが、日本の気象の条件からきていると説明する人もいる。日本の天気は、西から東へと変わっていくようになっている。昔は情報が発達していなかったから、雲の流れなどから天候を占っていくということが行なわれていた。従って、情報の流れも西から東へと流れ、商売の開拓も西から東へと向かったのである。

同じようなジンクスに、北守南進説というのがある。これは、点の中での攻撃法である。これは、城の作り方からきている。日本各地にある城は、必ず北側を険しい山などでふさいで、南から進行してくる敵を攻撃するような構造になっている。すなわち、北守南進型である。

したがって攻撃法も、北の方を先に片付けておき、次に南側を固める。そして、南から北へ上がる形で攻めこんでいくのが、地域内攻撃方としてうまくいくということになっている。

この北守南進説は日本全体にも当てはまり、まず東北地方を押さえ、次に九州地区を押さえ、そして九州から「上がり」線にしたがってくるように攻めると、うまくいくのである。

以上を踏まえた上で、日本の各地域ごとの市場の特性を考察してみよう。

目的地の
西側から
東に
むかって
攻めた方が
成功しやすい

また北を
おさえた後
南から
攻め上がる
方法も
成功しやすい
拠点
拠点

32▽北海道の特性

北海道をあらわす言葉として「二分の一経済」と「5％経済」というものがある。

北海道の人口は、日本の5％であり、その意味での5％経済である。また、北海道は一年のうち半分は雪に埋もれている。したがって二分の一経済といわれているのだ。

ところが、北海道で成功している人の多くは、こういった二分の一経済や5％経済といった前提を信用していない。自分の目と耳で確かめたものからやっていく、こういうタイプの人間が成功しているのだ。とくに東南アジアなどの外地を回ってきたビジネスマンが成功している。その理由の一つに、北海道が未開発需要が多く、未知数であることが挙げられよう。そこから、北海道で成功するのは、「よそ者」ということがいえる。

北海道のジンクスの一つに、秋の人事異動で行った人間は成功するが、春の陽気のいいときに転任になった人間は、たいてい失敗する。春先に北海道へ行くと、「いいところへ来たな」というところから始まり、秋に北海道へ行けば「大変なところへ来てしまった」というところから始まるからである。

次に、北海道は、九州とともに、不良商品のはき捨て場になるという傾向を歴史的にもつ。そのため価格が安定しているようにみえて、ときに乱売が起きる。五月に集中する傾向が強いが、これも北海道の特徴の一つである。

最後に挙げられる特徴として、北海道の物流は、日本海沿岸の延長線上にあるということである。新潟→秋田→青森の北陸というベクトルが、物流のルートになっている。したがって、日本海側を制圧したところが、北海道を押さえる結果につながるのだ。

北海道で成功した事業家の三分の二が新潟県人か富山県人である。日本海沿岸と同じで、過疎地帯という特徴があるからである。

やあ北海道へようこそ
君はこれから冬っていうときに転勤してきたから成功するかもな
へ？ 時期が関係あるんですか？
寒いときに来たヤツは大変な所へ来たと思って
気持をひきしめるだろう
春や夏に来たヤツはいい所に来たんだろうと思って油断するからさ
ナルホド
北海道に関して既成の観念は捨てた方がいいよ
未開発で未知の要素が多いというふうに思ってた方がうまくいく
それと北海道の物流は日本海沿岸の延長線上にあるんだ
日本海側を制するものが北海道をおさえるんだ
日本海沿岸
よくわかりました 北海道を征覇するためにがんばります

33 ▽東北地方の特性

東北地方は、仙台市を中心に動くと全体の三分の一しか押さえられない。仙台を中心にしてしまうと、福島よりに動いてしまい、東京の北関東商圏と重複してしまうのである。そのため青森、岩手、秋田の三県が抜けてしまうのである。

したがって東北地方全体を押さえるには、東北の〈縮図〉である秋田に拠点を持たなければならない。秋田は文化性が強く、同質性が強いという特殊性がある。

次に東北地方を押さえるには、日本海側を押さえるというのが、重要な戦略になってくる。秋田、酒田という地域が重要であり、そこから新潟へつなぐラインが要衝となる。そして酒田と仙台をつなぐ線を押さえて、新潟から仙台へ横断線で攻撃に入っていく。さらに秋田から盛岡へ抜けるルートが重要になってくるといったように、すべて日本海側から太平洋側へと向かうベクトルが、東北地方を制圧することになる。

仙台を中心に東北新幹線ばかりで往復していてはうまくいかない。東京に本社を持つ多くの企業が、日本全体の占拠率で1位になれない理由に東北の占拠率が低いことにある。東北は、関西企業がほとんど押さえているが、北陸本線を経由し、新潟を起点に日本海側から入るという戦略を基本にしている。

ちなみに、新潟は行政では中部地方であるが、マーケティングの世界ではその特性から東北地方に含む。新潟は日本海側の拠点である。ところが、多くの企業で新潟は東京支店の管轄に入っている。

各県別に説明すると、まず岩手県は、発展は海岸線でしかありえない。青森県では八戸が重要で、商圏として岩手県の盛岡と二眼レフ構造になっている。秋田県では、横田市から攻めなければならない。山形県では、山形市より酒田市が重要だ。酒田市と仙台市を結ぶ中継点が、山形市である。

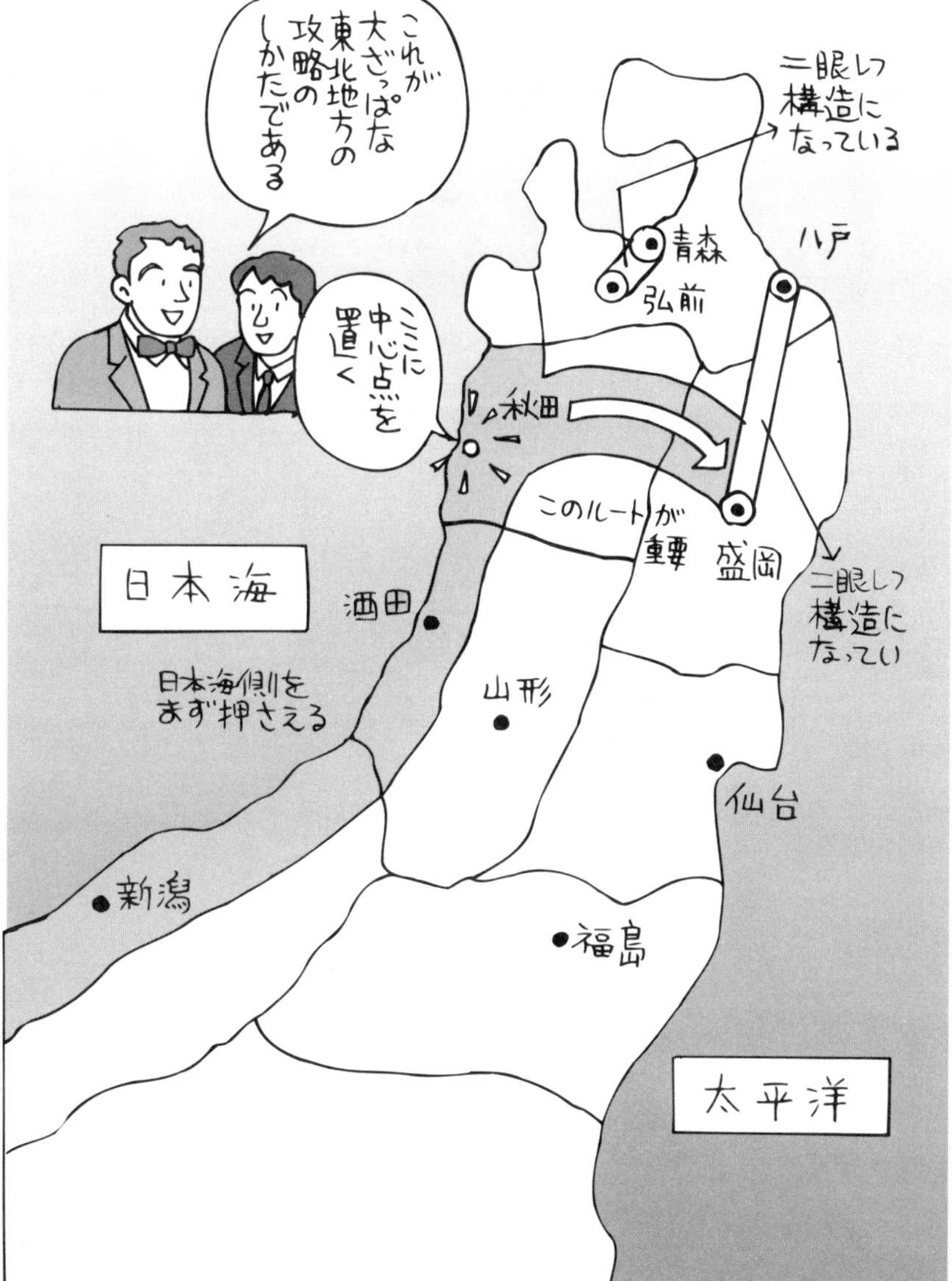
これが大ざっぱな東北地方の攻略のしかたである
ここに中心点を置く
二眼レフ構造になっている
青森
弘前
八戸
秋田
このルートが重要
盛岡
二眼レフ構造になってい
日本海
酒田
日本海側をまず押さえる
山形
仙台
新潟
福島
太平洋

34 北関東地区の特性

まず、山梨、長野といった甲信越地方は地盤沈下の傾向が続いているということである。相対的に茨城県が浮上してきている。日立市と水戸市の二眼レフ構造に関連する。

ただ、茨城にも問題がないわけではない。たとえば日立市の住民の75％は日立製作所の従業員とその家族である。だから日立が不況になれば、とたんに日立市そのものが火が消えたようになる。

さらに発展するには、日立市は日立製作所から脱却する必要がある。東京の府中市は、東芝の企業城下町であったが、東芝から脱却することによって発展した。

群馬県の特性は、大半がよそ者で占められているという特性を持っている。〈新しいもの好き〉という傾向があるので、新製品がとくに売れたりすることがある。そのため、北関東の実験市場になっている。安定性ということでは、群馬県より固有圏の栃木県のほうが勝っている。宇都宮を中心とした商圏で発展し続けている。

福島の郡山市はレジャー・ターミナルになってきて、宇都宮から郡山までのブロックが安定した固有圏になってきている。

冒頭に述べたように長野県は、長野オリンピックという大イベントはあったものの、全体的にウエートは低い。そのため、長野が発展するには、新潟の長岡市と二眼レフでしかない状況だ。たとえば長野で発展している問屋といえば、長野へ向かっているところで、松本市を中心に活動しているところは、だいたいにおいて伸び悩んでいる。

この長野の現状を、どうとらえるか、とくに二眼レフ構造が形成されているという認識がないと、大変な失敗を犯すことになる。長野を含む北関東地区は、市場が流動的でこれからも大きな変化を遂げることが予想される。

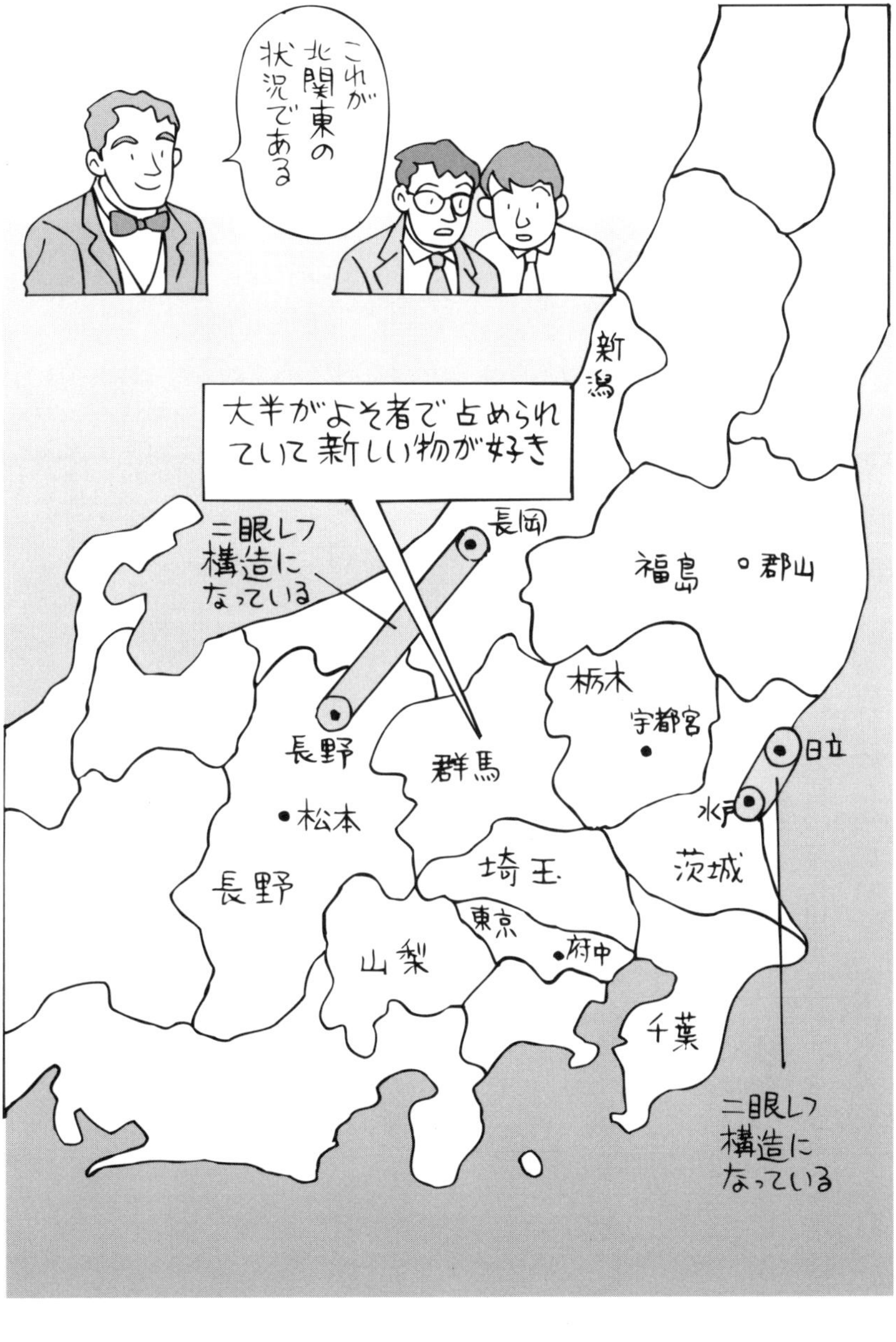
これが北関東の状況である
大半がよそ者で占められていて新しい物が好き
二眼レフ構造になっている
新潟
長岡
福島
郡山
栃木
宇都宮
長野
群馬
日立
水戸
松本
埼玉
茨城
長野
東京
府中
山梨
千葉
二眼レフ構造になっている

第4章 各地の地域特性

35 東京地区の特性

東京を考えるとき、いちばん注意しなければならない点は、23区と三多摩は別々の特性を持っているということである。

三多摩のジンクスは、ここで成功したものを都心に持ち込んで成功したためしはないということである。三多摩は新興の住宅地域で、市場が伸びているものはなにかというと、教育市場をターゲットにした商品である。例を挙げるなら、教育機器や学校給食に関係する製品である。

こういった人口の増加率が都心より高いという異質の市場であるがために、23区とはストレートに結びつかないのである。

マーケティングでは、三多摩地区と東京は、三鷹で分離されている。消費市場なら、吉祥寺が三多摩と東京を分けており、そういう意味で吉祥寺はレストランの実験市場となっている。

三多摩のなかでも東村山市や北多摩郡の西武線エリアは、実質的には埼玉県のエリアである。同様に、三多摩でも町田市は、機能的には神奈川県のテリトリーに入る。

三多摩の中心地は、立川市と考えていい。駅の乗降客数が多く、駅周辺はプレジャー・センターになっている。ただ、問題は立川市には飛行場があり、住宅地の開発が抑えられているという問題点がある。石原都知事が立川飛行場の問題点を提起したが、そこに問題解決がなければ、立川の発展には限界がある。

そこで、これからの中心地は八王子市ということになってくる。八王子を、青梅市と町田市で結ぶラインで多摩関連都市構想に組み入れようというのがあったが、このベクトルでは発展性に限界がある。町田は実質、神奈川のテリトリーで、青梅は青梅線の終点になっていて、先に伸びようがないのだ。山梨寄りにのびることが、八王子の発展の鍵である。

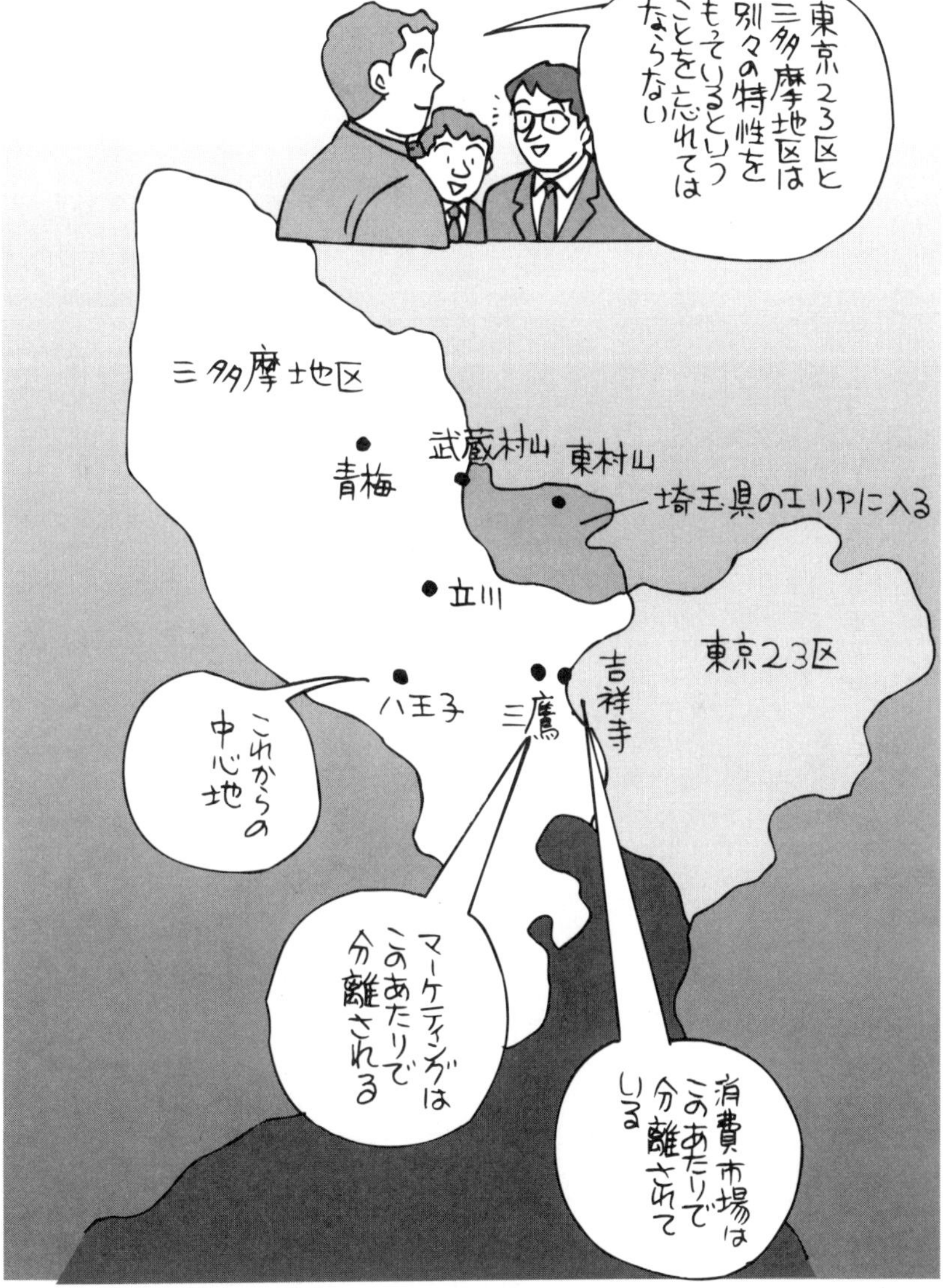
東京23区と三多摩地区は別々の特性をもっているということを忘れてはならない
三多摩地区
青梅
武蔵村山
東村山
埼玉県のエリアに入る
立川
八王子
三鷹
吉祥寺
東京23区
これからの中心地
マーケティングはこのあたりで分離される
消費市場はこのあたりで分離されている

36 東海地方・北陸地方の特性

まず静岡県であるが、静岡市と浜松市が二眼レフ構造になっているという特徴を持っている。ところが、江戸時代には6人の藩主が治めていたという歴史的事実から、複雑な地域ということになっている。

第一に富士川と大井川で切れてしまうという点。そのため浜松と静岡を一本にして管理するということは難しい。さらに東海道線を境に、富士山寄りの北側と海岸線の地域の南側に分かれる。北側は山梨県、長野県の商圏に入り、南側が静岡県固有の市場ということがいえる。

浜松は、ヤマハやスズキ、本田技研などの企業城下町である。これは、市場としてはマイナス要因になっている。

もっとも難しい地域に挙げられるのが、名古屋だ。ここは時計の針と反対回りに市場開拓するといいとされている。東へベクトルが向かい、浜松も豊橋も、名古屋のベクトルに入ってしまう。そのため、浜松攻略法は、静岡から攻撃しては失敗してしまい、名古屋から攻撃しないとダメなのである。

この名古屋も木曽川で切れて、岐阜市場は別の都市機能を持った商圏になっている。岐阜は、北陸三県（石川・富山・福井）の拠点になり、ここを押さえることが発展の条件になる。岐阜ともっともつながっているのが滋賀県の彦根市で、二眼レフを形成している。このことを知らずに、滋賀を大阪支店の管轄に入れ、岐阜を名古屋支店の管轄に入れるという企業のミスが多い。非戦略的なテリトリー配分で、そのため占拠率が上がらない結果になっている。

滋賀は、東に向かい、北陸で一つのブロックを形成するが、富山市だけは東京に向かう。富山市と機械的に二眼レフ構造になっている高岡市は、実はお互いソリが合わなく、だから北陸と結びついたのである。同じ富山県でも、市場の特性は分かれてしまう。

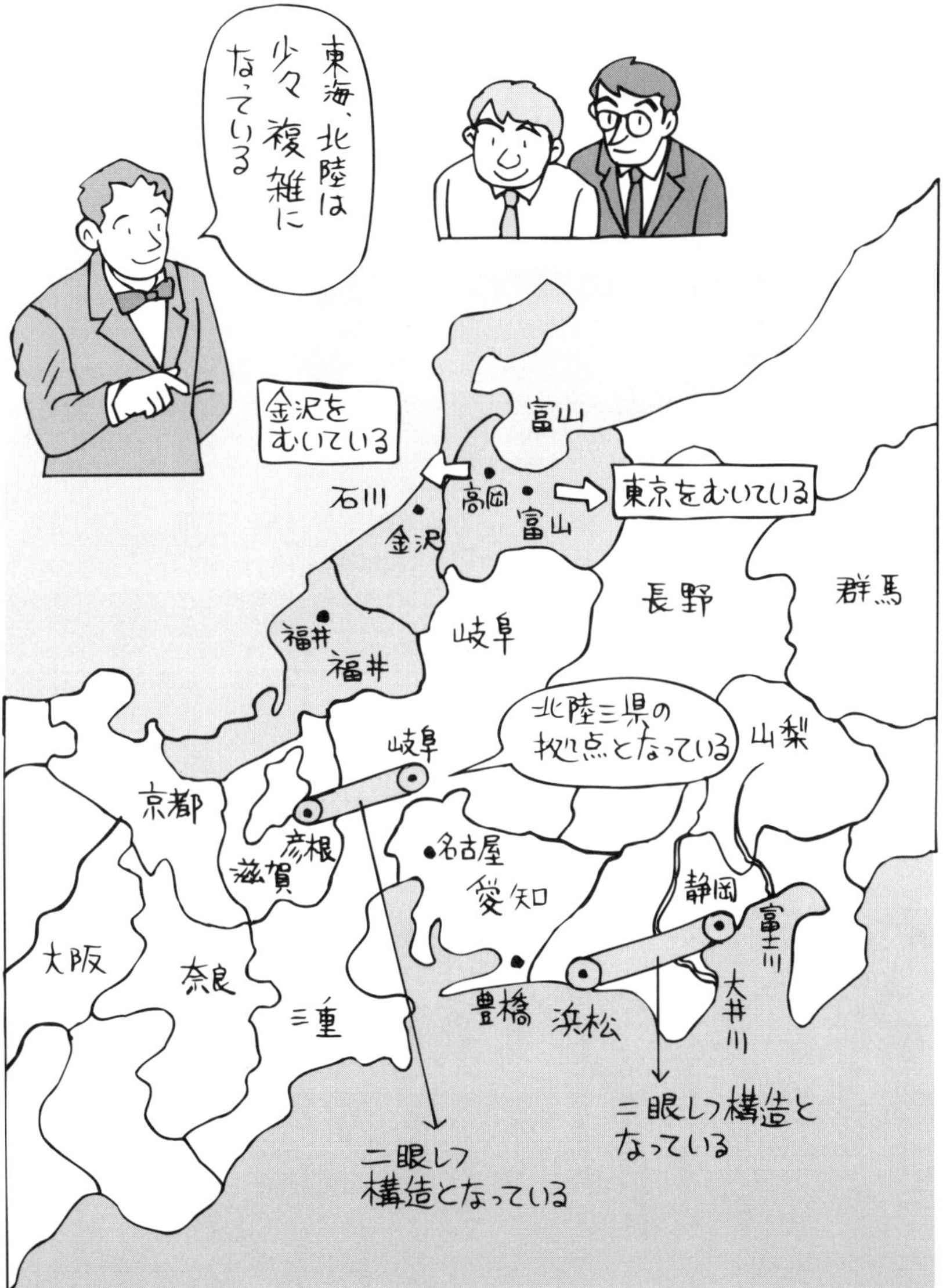
東海、北陸は少々複雑になっている
金沢をむいている
富山
石川
高岡
富山
東京をむいている
金沢
長野
群馬
福井
福井
岐阜
北陸三県の拠点となっている
山梨
岐阜
京都
彦根
滋賀
名古屋
愛知
静岡
富士川
大阪
奈良
三重
豊橋
浜松
大井川
二眼レフ構造となっている
二眼レフ構造となっている

37 関西地方の特性

関西市場の中心はいうまでもなく大阪であるが、大阪は線の市場だ。大阪中心の線のマーケットが、放射線状に延びているのが特徴。その中で、三重県という地域は、大阪と名古屋の重複市場である。しかも、海岸線だけが一つの線である。

伊勢商人は、もっぱら名古屋には入らずに東に出てきたという歴史的経緯がある。伊勢屋という屋号が、関東に多いのもそのためだ。神奈川に進出した伊勢商人も多く、三重を制するものは東海ルートを制す、というジンクスを持つ。三重が東海ルートの拠点になっているのだ。したがって、大阪人は、三重県を押さえて東海ルートに進出するというベクトルを持っている。

和歌山に向かうルートは、白浜を中心にした観光地帯へのルートであった。ところが、新幹線が岡山や博多に抜けてしまったため、観光客が半減してしまったのである。新婚旅行ルートとして、白浜にきていたカップルが、最近では出雲に行くようになってしまったのだ。ターミナルであることと、通過してしまうことでは、状況がどれだけ違ってくるかという典型的な例である。

次に奈良県であるが、ここは政治的な力関係と結びつかないと商売が難しいといわれる。県議会の誰と知り合いだとか、そういったことが商売に直結するのが大きな特徴だが、住宅開発が進んでいるという面も忘れてはならない。

最後に京都だが、京都府の北側と南側、そして京都市は別々に考えるべきだ。北側は滋賀県と、南側は大阪と同じに扱っていい。京都市は、それらとはまた別格だ。京都は、端的にいうとケチで打算的。しかも、タテマエとホンネが違っている地域の代表であるから、難しいのだが、ここも北海道と同じようによそ者が成功しやすい。

関西地方の状況である
京都
京都
兵庫
滋賀
神戸
大阪
奈良
名古屋
愛知
伊勢
奈良
三重
白浜
大阪と名古屋のマーケットが重なる
新幹線の通り道から外れたためにさびれている

38 中国地方の特性

中国地方の中心にある広島県の特性はサロン性経済地域といい表すことができる。問屋経済が中心で、戦災で全部破壊されたという過去があるだけに、新しい都市に生まれ変わり、そのため実験市場でもある。この広島県は、北九州寄りから攻めないと失敗する。反対側の岡山県から進出して成功したケースはない。下関市から攻めると占拠率が高くなるというジンクスがあり、西側拠点説の地域といえる。

岡山から広島に向かって攻めると、必ず福山市でブロックされる。そこで最近では、福山市が重要な拠点として見なおされる傾向にある。その理由の一つとして、四国にかかる坂出ルート、今治ルートの橋がかかったあと、瀬戸内海にある島々の開発を一手に担うのが福山市だからである。

第二の理由として、福山は鳥取と結ぶ山陰ルートの拠点になっているということだ。これまで山陽地方の難点は、これまで山陰との横断線が弱いということにあった。鳥取、米子に抜ける横断道路の開発が進んでいるのである。

岡山市はどうかというと、その特性は、閉鎖的でケチといい表すことができる。商圏は小さく、四国の高松の窓口としてだけ機能している状況である。技術の合理化だけは進んでいるが、重要な戦略拠点とはいい難い。

山陰地方に目を向けてみると、鳥取は市場性がないように見えて、実は米子市、鳥取市が二眼レフ構造になっていて重要性を持っている。これに対し、松江市は文化都市であって産業都市ではないので、発展性に乏しい。米子と二眼レフを形成するしか発展の途はないようである。

山口県の西側はすべて、北九州市場に含まれるといっていい。ここのほとんどの地域は、九州のテレビ局の電波が届き、福岡のテレビは地元のテレビのように思われている。

瀬戸内海開発の拠点であり山陰ルートの拠点でもある
これが中国地方の状況である
広島市を攻めるには下関の方向から攻めるとよい
二眼レフ構造となっている
ここでブロックされる
へ〜
松江
島根
米子
鳥取
萩
山口
山口
下関
広島
広島
福山
岡山
岡山
兵庫
姫路
高松
香川
神戸
愛媛
高知
高知
徳島
徳島

39 四国地方の特性

四国で最も重要な県といえば、愛媛県ということになる。人口が単に多いからではなく、松山市が最も恵まれた地域だからだ。歴史的にも豊臣秀吉をはじめ、香川県の高松を攻めるときは愛媛から船を使ってというのが一般的な方法であった。松山から東に向かって高松よりに攻めるというベクトルが一般的である。

徳島県は、完全に大阪の商圏にはいっていると見ていい。

四国の縮図は高知県である。この高知県が、淡路島を経由して四国と本州が橋でつながったこともあって、徳島よりになっているのである。今治、坂出ルートの本四連絡橋より、徳島ルートのほうが高知にとって重要だったようである。

したがって高知では、県南西部にある中村市から高知市を通って徳島へ抜けるベクトルが発展のルートになる。海岸線だけが商圏であるから、占拠率を高めるのは割合に簡単である。四国を攻略するのであれば、最初に高知に拠点を作るべきである。

高知は、本州とは違って特定のブランドが高い占拠率を占めているケースが多く、たとえば日産自動車は、高知県ではナンバーワンの占拠率を誇る。それは、日産自動車が中村から徳島に抜けるルートを完全に押さえているからである。

もし、これが徳島から中村を攻めるという逆のコースだったら、ここまでうまくはいかなかったと思われる。

高知は徳島とのつながり方を考えていくのが、発展の条件だ。四国攻略においては、四国の窓口と思われがちな香川県の高松を最後に回すのが懸命なやりかただ。

ところが、現実には、多くの企業が高松を中心に活動している。そのほとんどがうまくいっていないというのが実情のようだ。

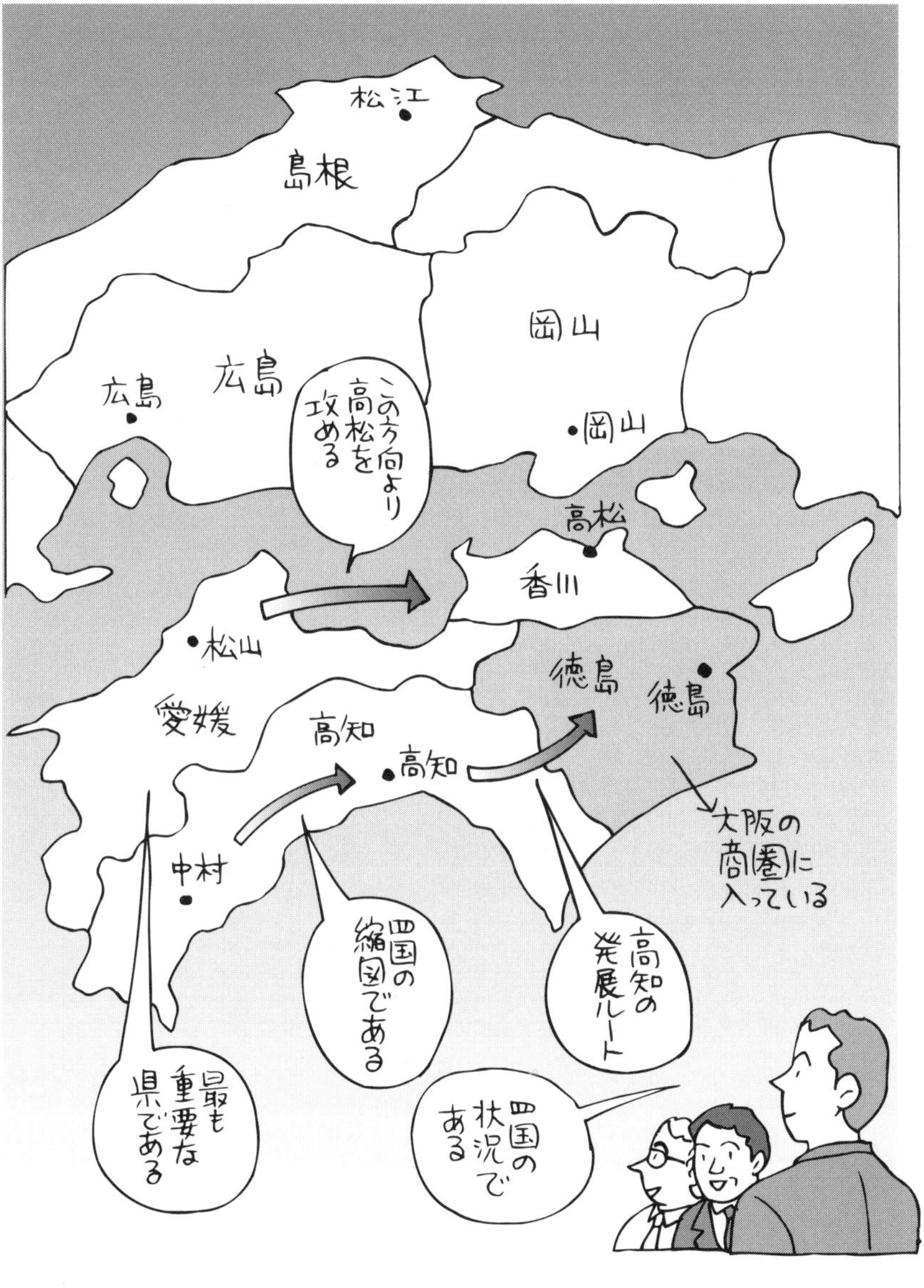
松江
島根
広島
広島
岡山
岡山
この方向より高松を攻める
高松
香川
松山
愛媛
徳島
徳島
高知
高知
中村
大阪の商圏に入っている
最も重要な県である
四国の縮図である
高知の発展ルート
四国の状況である

40 九州地方の特性

九州は、三本の鉄道に沿って三つの商圏に分けられる。鹿児島本線、日豊本線、そして長崎本線。東京勢が鹿児島本線沿いを、関西勢が日豊本線沿いを押さえている。第三勢力が、長崎本線である。

九州は、縦断線が太いからそこにばかり目が行きがちだが、東北地方と同じく横断線が、占拠率を高めるうえで重要になってくる。すなわち宮崎から熊本に抜けるルートや熊本から大分に抜ける阿蘇ルートであるが、どうしても鹿児島本線や日豊本線の南北のラインばかり往復してしまいがちになる。

九州は、十分の一経済といわれながら販売組織は十分の一では足りないところである。風土的特性として、絶えず巡回していないとブランドのチェンジを起こされてしまうこと。しかも得意先に対し、博多で集会を持つからと呼びかけてもダメなのである。そこで、地道に足で動くしかないのである。市場の規模に対して人手がかかり、採算性はよくない。

九州の特徴として、「商品の姥捨て山」というい われ方がなされている。理由は、九州で売った商品が、地元だけで売られるわけではなく、外に向かって売ろうという傾向が強いのである。したがって、十分の一経済といわれながら、2割くらい余分に商品を押しこんでもなんとかさばいてしまう地域だからである。

その傾向が最も強いのが門司市とその周辺。九州で倒産した企業で、最も多いのも門司周辺だが、これは九州だけではなく本州にも売ろうとして不良品を大量に抱え込んでしまうからである。

最後に北九州と博多が二眼レフ構造になっているのが特色だ。両方の占拠率を維持するのが難しく、博多に力を入れれば北九州は落ちてしまい、北九州に力を入れれば博多は相対的に落ちてしまう。両方を押さえようとすると共倒れになるやっかいな地域なのである。

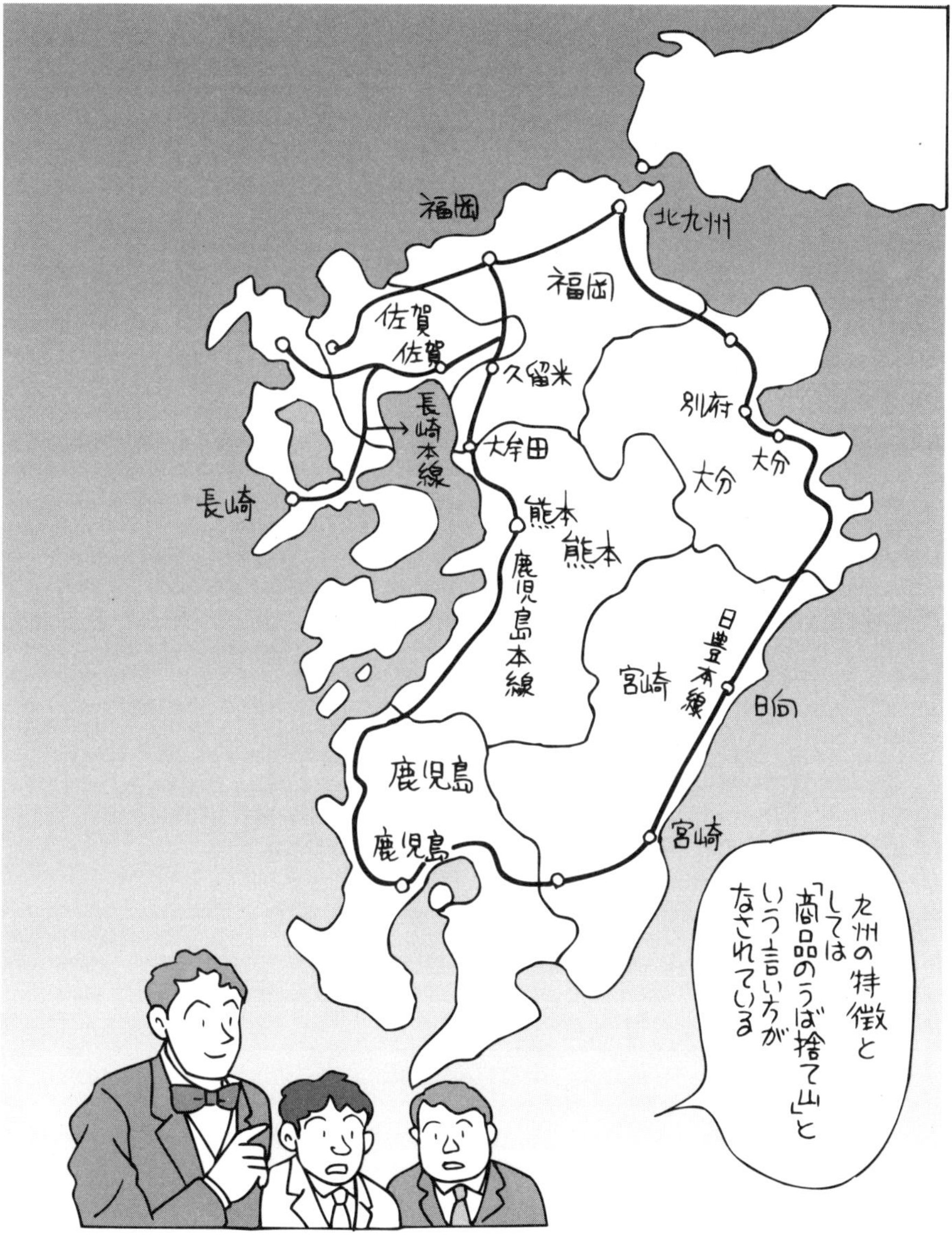
福岡
北九州
福岡
佐賀
佐賀
久留米
長崎本線
別府
大牟田
大分
大分
長崎
熊本
熊本
鹿児島本線
日豊本線
宮崎
日向
鹿児島
鹿児島
宮崎
九州の特徴としては「商品のうば捨て山」という言い方がなされている

第5章　占拠率の理論

41 ナンバーワン主義とは？

占拠率競争をつきつめて研究すると、勝ち方における三つの法則を学ぶことができる。その三つとは、

①ナンバーワン主義
②攻撃目標と競争目標を分ける
③一点集中主義

ということになる。

差別化のない競争のなかでは、ナンバーワンだけが安定し、有利となる。では、ナンバーワンとは何か？　ナンバーワンの地域でもいいし、ナンバーワンの商品でもいい、ナンバーワンの得意先でもいい。これがナンバーワンである。これは市場全体でも当てはまるし、極めて限定された地域でもいえることだ。最初から市場全体を相手にするのではなく、細分化された地域で、まずナンバーワンの実績をつくることが大切になってくる。

すでに成熟している市場においては、大きな地域、大きな市場を一気に攻めようとしても、なかなか勝てるものではない。局地戦、一騎射ち型、接近戦といった戦いを挑むことである。

中小企業が弱いとされているのは、一般に経営規模が小さいからではなく、「ナンバーワン」を持っていないからだ。逆にいえば中小企業でも強いところは「ナンバーワン」を持っているものである。

規模ではイトーヨーカドーや丸井より大きかったダイエーが苦戦しているのは、イトーヨーカドーや丸井がナンバーワンの地域を持っていたからである。

また安売りチケットで成功したＨＩＳも、ターゲットを個人客に絞り、そのセグメントされた中でナンバーワンとなり、急成長を遂げたのである。

シェアと利益率にも密接な関係にあり、利益は、何らかのナンバーワンを持っている企業に集中する。

まず、小さな勝利をおさめることによって、少しずつでも道を切り開いていくことだ。この「ナンバーワン」を持つことが戦略の第一となる。

差別化のない
競争のなかでは
ナンバーワンだけが
有利となる
ナンバーワンの商品
ナンバーワンの地域
ナンバーワンのお得意様

42 競争目標と攻撃目標

占拠率を高める戦略として次に挙げられるのが、第2の競争原理である「競争目標と攻撃目標に分ける」であり、大事なポイントだ。

弱者にとって、強者と同じ土俵で争っていては、勝てるわけがない。とくに第二法則に支配される状況では弱者は、壊滅的なダメージを受けることになる。強者とは差別化を図ることが大切になってくるわけである。

そこで、占拠率において自社より上位にある会社（強者）は、競争目標として位置付けて、攻撃目標は自社のすぐ下のシェアを持つ会社にしなければならない。

たとえば2位のシェアを占める企業にとっては、攻撃目標はあくまで3位のシェアを持つ企業であって、1位の企業は競争目標に据えるべきなのだ。

自動車業界において、日産自動車が失敗したのは、1位のシェアを持つトヨタを攻撃目標に置いたことも一因している。新製品は、トヨタを意識するより、3位以下の本田技研などをもっと意識しなければならなかったのだ。

「勝ちやすきに勝つ」というのは重要な戦略である。大企業やかつての名門企業が、別の部門で新製品を出したときに陥りやすい失敗が、攻撃目標と競争目標を混同することにある。たとえ大企業であっても、新しい部門で新製品を出すというのは、弱者の戦略をとらなければならないのである。つまり、下位の企業に目をやらなければならないのに、上位の企業を攻撃目標としてシェア争いに負けてしまうのである。

そしてアイデアとルールの使い分けも大切だ。展示会やカタログ、ダイレクトメールといった領域はアイデアの領域で、上位の企業に挑戦し、どの地域を攻めるか、どの得意先を攻撃するかは、ルールの領域で、下位に合わせた戦略をとるべきだ。

一位企業
攻撃目標はあそこだ
おー
ちょっとまった
一位の企業は到達すべき目標ではあっても戦う相手ではないんだ
競争すべきは二位以下の企業だ
まず勝ちやすい所から勝っていくべきである
2位
3位
あくまでも目は上に向け
しかし攻撃は下にするべきだ
なるほど

43 シェアの高さがメリットを生む

ランチェスター戦略とは、占拠率を高めるための戦略である。占拠率は、その市場での占有度合いを示す力関係をあらわし、利益率と相関関係にある。占拠率が高ければ、それだけ得意先との取引率が高いことをあらわし、市場を点ではなく、面で押さえているということだ。占拠率が高ければ、それだけメリットが生じることになる。そのメリットは、およそ次の2点にまとめられる。

まず第一に、入ってくる情報量が多くなるということ。得意先の数が増え、市場とより密接にかかわるようになるわけだから、商品情報や市場情報に精通できるようになる。どこに攻撃をかけるか、どの点を攻略するかといった打つ点の的中率も高くなる。

第二に、価格政策で主導権を握ることができるということである。占拠率上位の企業が価格を引き下げれば、下位の企業は、対抗するために同じ率か、それ以上の率で引き下げなければならない。しかし、下位の企業が価格を引き下げても、上位の企業の引き下げ率は、下位より低くても十分対抗できるのだ。

総需要の伸びがゼロかそれに近い数字の昨今、企業の勝ち組と負け組の二極化がはっきりしてくる。ある企業がシェアを4％伸ばせば、別の企業が4％シェアを落とすという、過酷なサバイバル競争の時代になってきたのだ。ここでも、シェアの低い企業から淘汰されていくという現実が厳然とある。

日本にはいまのところ１８０万社の企業法人があるが、そのうち黒字の会社（勝ち組）は半数以下の40％、赤字の会社（負け組）は60％となっている。この差は、ますます広がる傾向あり、さらに勝ち組と負け組の営業所得の総合計は、比率で7対1とさらに広がるのである。

ここで、勝ち組と負け組を明確に分けるのが、占拠率の差だ。とくに40％の占拠率を獲得すると、急激に利益率が高まる仕組みになっている。

占拠率が40%を越えると急激に利益率が高まる
赤字スレスレだよ
40%
在庫
シェアが高いと経済的メリットがあるな～情報も入ってきやすいし競争相手との差が出せるよ

44 三大目標値の現実的応用

シェア争いなど企業間の競争は、競争者間の力関係によってその勝敗が決まり、その力関係は、シェアの数値によってあらわされる。三大目標値の重要性は1章で述べたが、日本国内の現状を考えると、「41・7％」「26・1％」といった数値は、非現実的な数値に思えてくるケースが多い。というのも、中小企業が乱立する産業では、「分散型」のシェアパターンがほとんどで、トップの企業ですら20％以下という分野が多いのだ。

実際に「73・9％」「41・7％」「26・1％」といった数値が使える業界は、自動車産業、ビール業界、化粧品業界、などわずかしかない。そこで、現実の占拠率競争に見合った低いレベルでのシンボル数値が出てくる。

まず19・3％という数値。下限目標の26・1％のなかで73・9％をとったケース。すなわち26・1×0・739＝19・3％という計算式から出た数字だ。弱者の中の強者、つまり弱者のどんぐりの背比べから一歩抜きん出た状態だ。

次に10・9％。26・1％のなかで41・7％をとった数値だ。俗に10％のシェアを強者への「足がかり」という。弱者の中で、ある程度の地位を確立し、強者への足がかりをつかめるかどうかのレベルだ。

次に6・8％。26・1の中の26・1％。競争相手から競合者として存在を認められる最低のラインだ。弱者の平均的数値だが、このレベルでは「利益率が伸びる見こみなし」「強者には勝てない」という数値だ。

最後に2・8％。弱者の平均的水準である6・8％のなかで41・7％をとっている数値。ライバルからは相手にされないが、かろうじて存在を認められるぎりぎりのライン。

以上四つの数値は、今後の自社の戦略を位置付ける上で、一つの指標となる。

19.3%
19.3% 弱者のどんぐりの背比べから一歩抜きんでた状態だ
10.9%
10.9% 強者への足がかりといったところである
6.8%
6.8% ライバルから競合者として認められる最低のラインである
2.8%
かろうじて存在を認められるぎりぎりのラインである

45 市場占拠率とは？

シェアを上げることはランチェスター戦略のなかでも大きな目標であり、大事な要素である。では、そのシェアとはどういった構造から成り立っているのだろうか？

ナンバーワンの取引先を持つということは、ランチェスター戦略では重要な応用分野である。しかし、取引や商売はナンバーワンだけを相手にするのではない。ナンバーワンでない取引先ともうまく付き合ってシェアを上げていくべきである。それは取引店率とA・A店率（112ページ参照＝優良取引店）の組み合わせによる。

一定の地域における市場占拠率は、次の式によってあらわされる。

市場占拠率＝（取引店率＋A・A店率）÷2

市場占拠率を上げるには、取引店率を上げるか、A・A店率を上げるか、あるいは両方上げるか、この3つの方法しかない。

取引店率とは別名ストア・カバレッジともいわれ、取引先を量でとらえるという概念で、

取引店率＝自社の商品の取扱い店数÷特定地域の全販売点数×100

という数式であらわされる。

ある特定の地域で、100の販売店があったとして、うち自社の商品を取り扱っている店がそのうち60店とすれば、取引店率は60％ということになる。

販売店の中には他社の製品を取り扱っている店（併売店）もあり、そこは他社からも取引店の中に組み込まれている。そこで、自社が60％の取引店率、他社も60％の取引店率ということがおこり、合わせて120％となる。100％を超えた部分を重複率と呼ぶ。よって取引店率のことを「見せかけのシェア」という。

この取引店率だけでは占拠率の条件にはならない。たとえ取引店率を100％にしたところで、それだけではシェアは50％以上にはならないのだ。

市場占拠率=(取引店率+A・A店率)÷2
この市場占拠率を上げるには取引店率を上げるかA・A店率を上げるしかない
取引店率とは全販売店数の中で自社の商品の取り扱い店数の割合である
しかしここで注意すべきなのは自社の製品と他社の製品を同時に取り扱っている「併売店」があることである
自社製品
他社製品
他社製品
取引店率を100%にしてもそれだけではシェアは50%以上にはならない

46 A・A店率とは？

取引店率が得意先の量をあらわす概念なら、A・A店率とは得意先の質を表す数値といえる。A・A店の上のAは、得意先を取引量でABCのランクに分けた（ABC分析＝次項で解説）ときのAグループ店の数を示す。下のAは、Aグループ店のうち、店内のシェアにおいて、自社が三対一（以上）でライバル会社に勝っている取引店の数を示す。その、双方の比率を、A・A店比率という。

A・A店比率は次の式で求められる。

A・A店比率＝Aグループ中、店内シェアが3：1の店数÷Aグループの店数×100（％）

店内シェアが三対一というのは34ページの「射程距離理論」で説明した、勝敗が決着する比率である。三対一で勝敗がつくのは、局地戦においてであることも述べた。販売競争において、個々の得意先販売店での店内シェアの争いは、まさに局地戦なのである。

店内シェアで、三対一の比率でライバル社に勝っていれば、逆転される心配はまずない。二社間の一騎討ちであれば、自社が75％のシェアをとり、ライバル社が25％のシェアという構造だ。三つ巴の戦いなら、自社が60％で相手はそれぞれ20％の力関係になる。これは、競合するライバル会社が増えても、この力関係は変わらない。

ある地域に、15店のAグループがあり、そのうち「三一」で勝っている店が3店あれば、

A・A店率＝3÷15×100（％）＝20％

つまりA・A店率とは、Aグループに対する系列化の強さをあらわすという言い方をしてもいい。また、A・A店率には、重複率がない。自社とライバル会社のA・A店率を合計しても100％を超えることはない。取引店率が「見せかけのシェア」と呼ばれるのに対し、A・A店率が「正味のシェア」といわれるゆえんである。

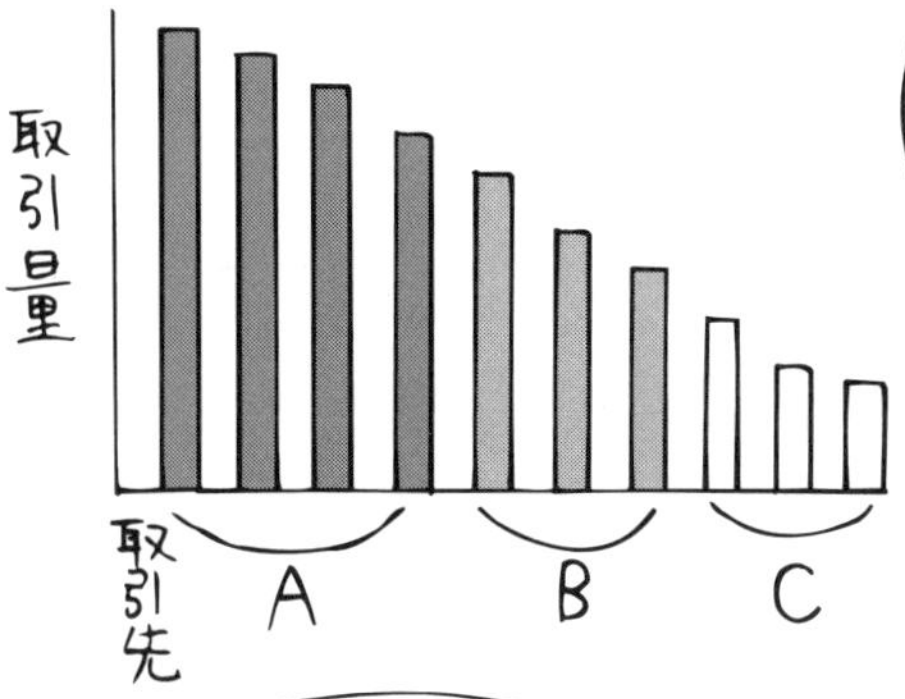
取引量
取引先
A
B
C

A・A店率の最初のAは得意先を取り引き量でＡＢＣランクに分けた時のAランクを表わすんだ

次のAはそのAグループの店の中で自社のシェアが3対1以上でライバル社に勝っている取引店の数を表わすんだ
自社製品

うしろのA（店内シェアが3:1の店数）÷ 最初のA（Aグループの店数）× 100

＝A・A店率

これがA・A店率だ

47 ABC分析とは？

シェアを上げるためには顧客管理が重要になってくる。取引実績がかなりあるお得意先とあまり取引のない顧客と同じ付き合い方をしていたのでは、セールスの効率は悪い。そこで取引先をランク分けして、それぞれを管理するのである。得意先のランク分けをABC分析という。

ABC分析の手法を解説しよう。（左ページ参照）まず、グラフに得意先を売上の高い順に左から並べていく。その売上を百分比にして、累積をタテに並べていく。そのとき、全体の売上の70％を占める上位グループをAグループ、70％から95％までをBグループ、残りの5％をCグループと区分していく。

このように区分して、これに基づいて攻撃目標を設定したり、訪問回数のウエイトを決めたりする。これをABC管理という。

さらに注意しなければならないのが、得意先の売上は絶えず変動しているということだ。「今日の担い手」であるAグループは、いつまでも「今日の担い手」でありつづける保証はない。AからBに移ることもあるし、逆にBからAに移ることもある。

絶えず得意先の性質は変わるものだという発想が、ABC戦略の基本となる。

そして、A対B対Cの比率。仮にその比率が、3対2対1であれば、Aグループの数だけで得意先の半分を占めることになり、Aグループの中に、決め手となる大きな取引先がないことになる。このときは、Aグループのなかでさらに突出した得意先を作ることが求められる。

逆に1対3対5になっていたとしたら、Cグループが多すぎるか、数少ないAグループの得意先に大きなウエイトがかかりすぎていることになる。

Cグループのなかでいくつかの得意先をカットするか、Bグループの中からAグループに引き上げる得意先を見つけるしかない。これもABC戦略だ。

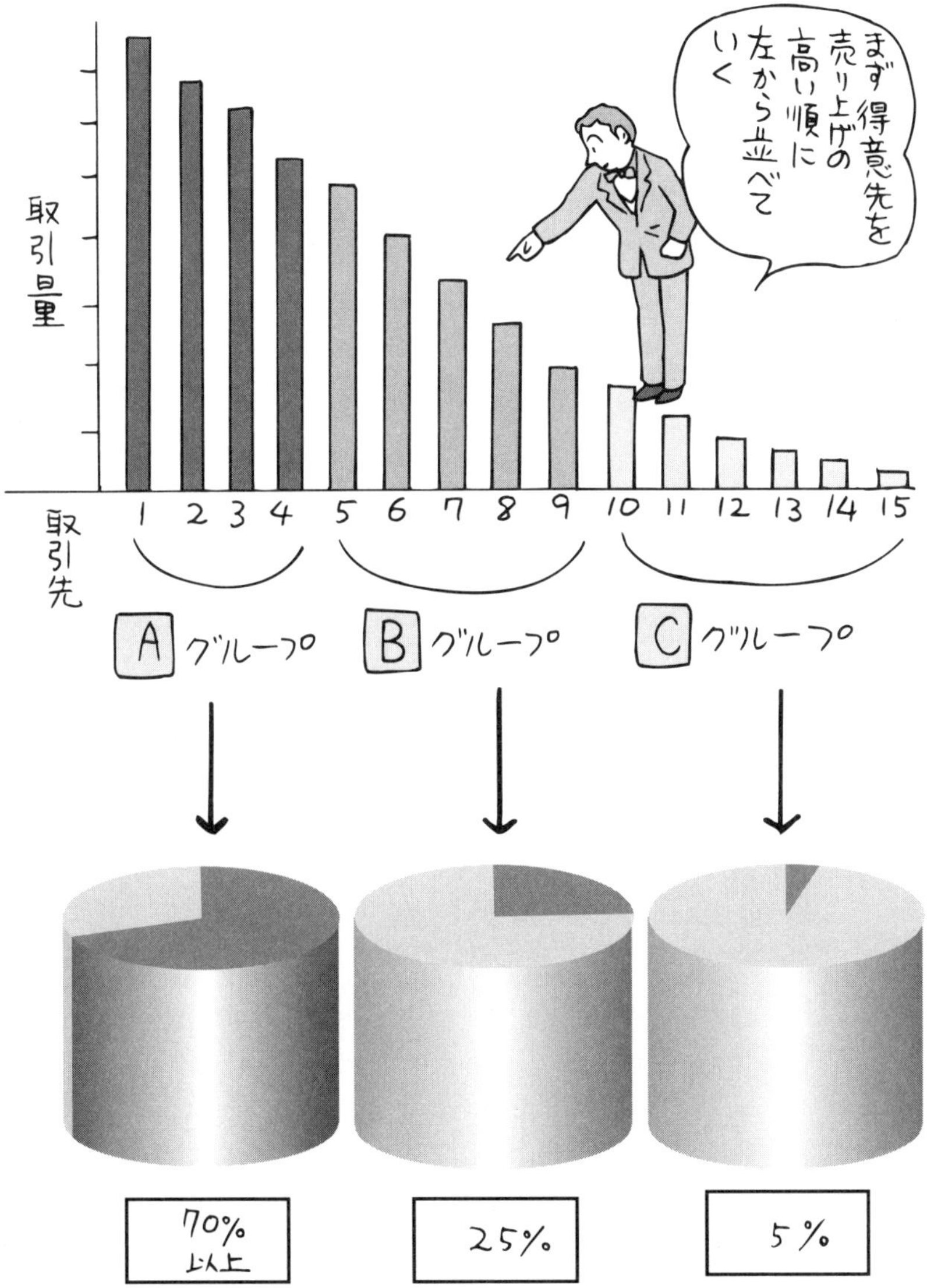
まず得意先を売り上げの高い順に左から並べていく
取引量
取引先
1 2 3 4 5 6 7 8 9 10 11 12 13 14 15
A グループ
B グループ
C グループ
70% 以上
25%
5%

48 Bグループで差別化する

ＡＢＣグループは、それぞれ流動的であり、それゆえに戦略の対象になると前に述べた。そのなかでも、Ｂグループの得意先をどう扱うかが、最も重要になる。このグループに顧客層で、販売上、きわめて重要なイノベーターと呼ばれる革新層が含まれているというのも理由の一つだ。

同じＢグループでも、Ａに近いＢ（プラスＢ）とＣに近いＢ（マイナスＢ）とがある。プラスＢは「明日の担い手」、マイナスＢは「過去の栄光」と位置付けてもいい。ＡＢＣ分析をして、ただ得意先の名簿を作成するだけではなく、このＢグループに細心の注意を払い、リストアップしておかなければならないのだ。

Ｂグループが重要視されるのは、ライバルと差別化しやすいからだともいえる。自社にとってＡグループは、ライバル会社にとってもＡグループと考えていい。とくに生産財などは併売店で流通されるケースが多く、商社にとって自社もライバル会社にとっても、常にＡグループの併売店である。

全国展開の企業にとって、Ｂグループの得意先は、大都市よりも地方都市、中都市に多い傾向がある。Ｂクラスの得意先の差別化は、そのまま地域の差別化につながるのだ。

Ｂグループの得意先が地方に分散しているなら、その得意先を獲得するには、その地域を細かくセグメントしていく必要がある。卸商圏を例に挙げるとすると、人口15万人が一つの単位になる。人口60万人の都市なら、ナンバーワンの得意先を四つ作ることが、当面の目標ということになる。

このように、商圏を人口ごとにセグメントして、そのうえでそれぞれの地域にナンバーワンの得意先を作っていく。それをどのように達成するかという地域戦略が、そのままＡＢＣ戦略と重なっていくのである。

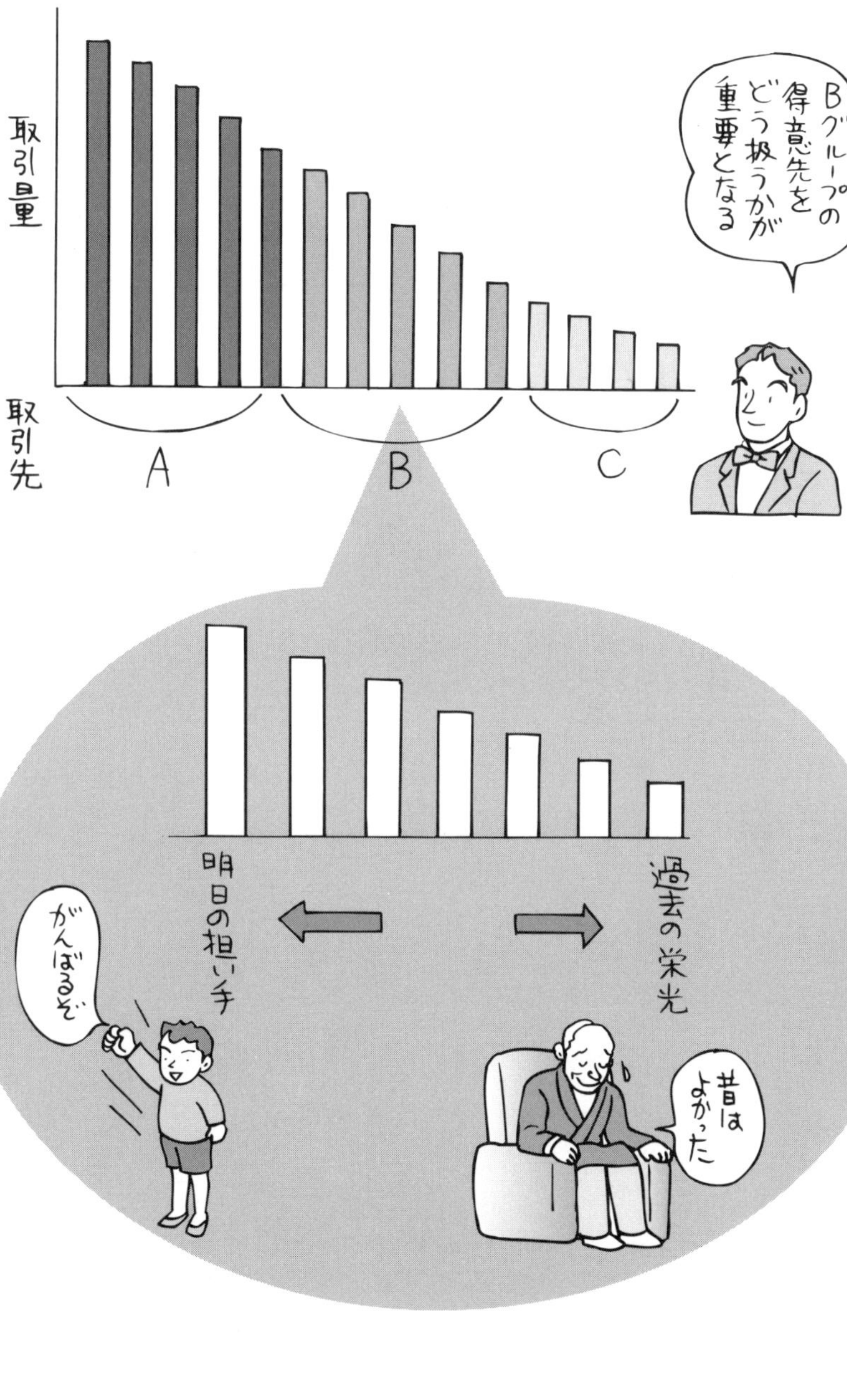
取引量
取引先
A
B
C
Bグループの得意先をどう扱うかが重要となる
明日の担い手
過去の栄光
がんばるぞ
昔はよかった

第6章　市場参入戦略

49 成長曲線とは？

地域に新たに参入する地域戦略にたいし、市場そのものに新たに参入する市場参入をここで考えてみよう。新製品をめぐる先発組と後発組では、とるべき戦略はおのずと違ってくる。

そして、その商品が成長過程にあるものなのか、あるいは成熟商品にあるものなのかで、販売戦略は違ってくる。いま、流行のデジタル・カメラなどは成長商品だが、自動車や生命保険などのように普及率60%を超えた商品になると、買い替えや買い増しの契約が新規購入を上回ってしまい、これらは成熟商品といえる。

まず、商品のライフサイクルをどうとらえるか、またはライフサイクルのそれぞれの段階においてどのような戦略をとるかが重要になってくる。

商品にかぎらず、動植物などはすべて成長法則に支配されている。左ページのグラフが「成長曲線」と呼ばれ、その成長法則を曲線であらわしたものだ。

成長法則は、導入期→成長期→成熟期→飽和期→衰退期という五つの段階に分けて考えられる。これらは、商品のライフサイクル曲線ととらえてもかまわないし、商品の総売上曲線としても使える。産業そのものの総需要曲線ととらえてもいい。

成長法則の研究は、人口の増加率や動植物の繁殖の実態など、自然科学の分野で始まった。成長曲線もゴンベルツ曲線といわれていたが、ゴンベルツとは植物学者の名前で、人口の増加率などを研究していた人物である。のちに綿花の生産量や自動車の登録台数にも当てはめられるようになり、産業の成長には一つの法則性があることが分かったのである。

今日では、長期経営計画や製品計画、さらに新規市場参入計画などの戦略を練る際の、基本的な前提として、この成長曲線は位置付けられている。さらにゼロ成長の時代に入っている現状の日本において、ますます重要性を増してくるだろう。

これが成長曲線である

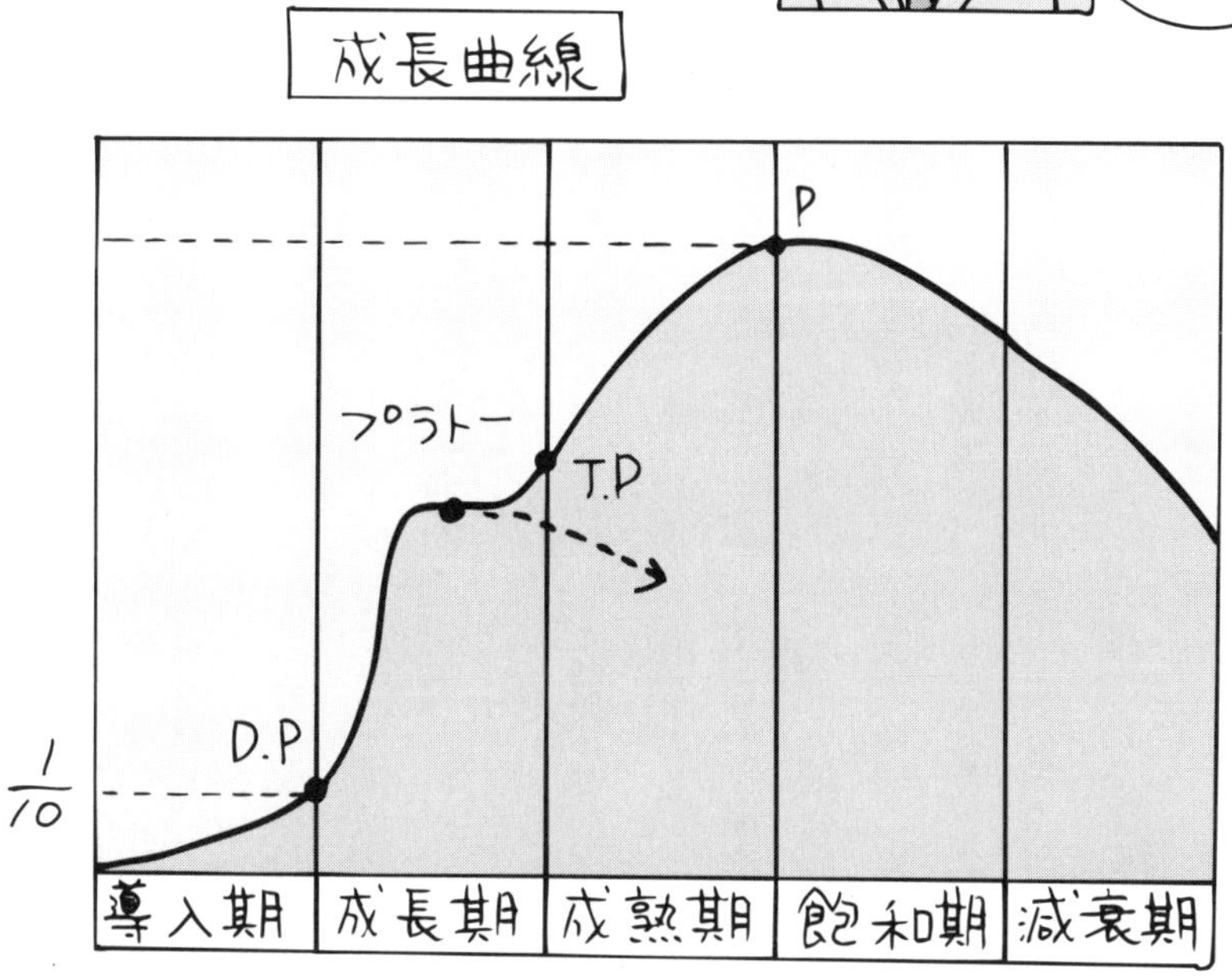
成長曲線
P
プラトー
T.P
D.P
1/10
導入期
成長期
成熟期
飽和期
減衰期

なるほど
よくわかりました

50 D・P点のとらえ方

新規に市場に参入するとき、そのチャンスともいうべき節目が成長段階のなかに四つのポイントがある。（前項参照）

最初に訪れるポイントが、導入期（開発期）の終わる時点のデシ・ピーク（D・P）である。二番目が、成長期に入って一時的に横ばいになる点。その横ばい状態をプラトー（高原）現象という。三番目が、成長期の終わりを示すT・P（ターニング・ポイント）点。四番目が成長のピークにくるP点（飽和点）だ。

デシ・ピークとは文字通りピークの十分の一という意味。たとえば普及率のピークを70%とすると、ほぼ7%前後のあたりにあると見ていい。このデシ・ピークが過ぎると成長期に突入する。

市場参入というと後発の参入をいうケースが多いが、後発メーカーは、このD・P点で殺到するように市場に参入してくる。この時期に後発組が参入してくるのは、D・P点を過ぎて成長期に入ったところから利益が計上されるからである。（次ページ利益線参照）後発組は、先発の様子をじっくり見てから、勝算が見込めるようになってから参入してくるのだ。

D・P点がいつかと判断するためには、まずP点（飽和点）を的確に予測することである。P点の予測地点から、その商品のライフサイクルを判断し、現在の位置を判断する。

導入期に出足よく売れる商品は、一般的に寿命が長い傾向にある。この場合、成長の角度が問題になり、チャネルが狭いほど成長の角度が大きくなるが、チャネルの間口を広げると、導入期で伸びても成長期で落ちてしまうという現象がおこるので注意したい。

とにかく後発としては、先発の動きと商品の動きをD・P点まで観察して参入することである。

需要線と利益線

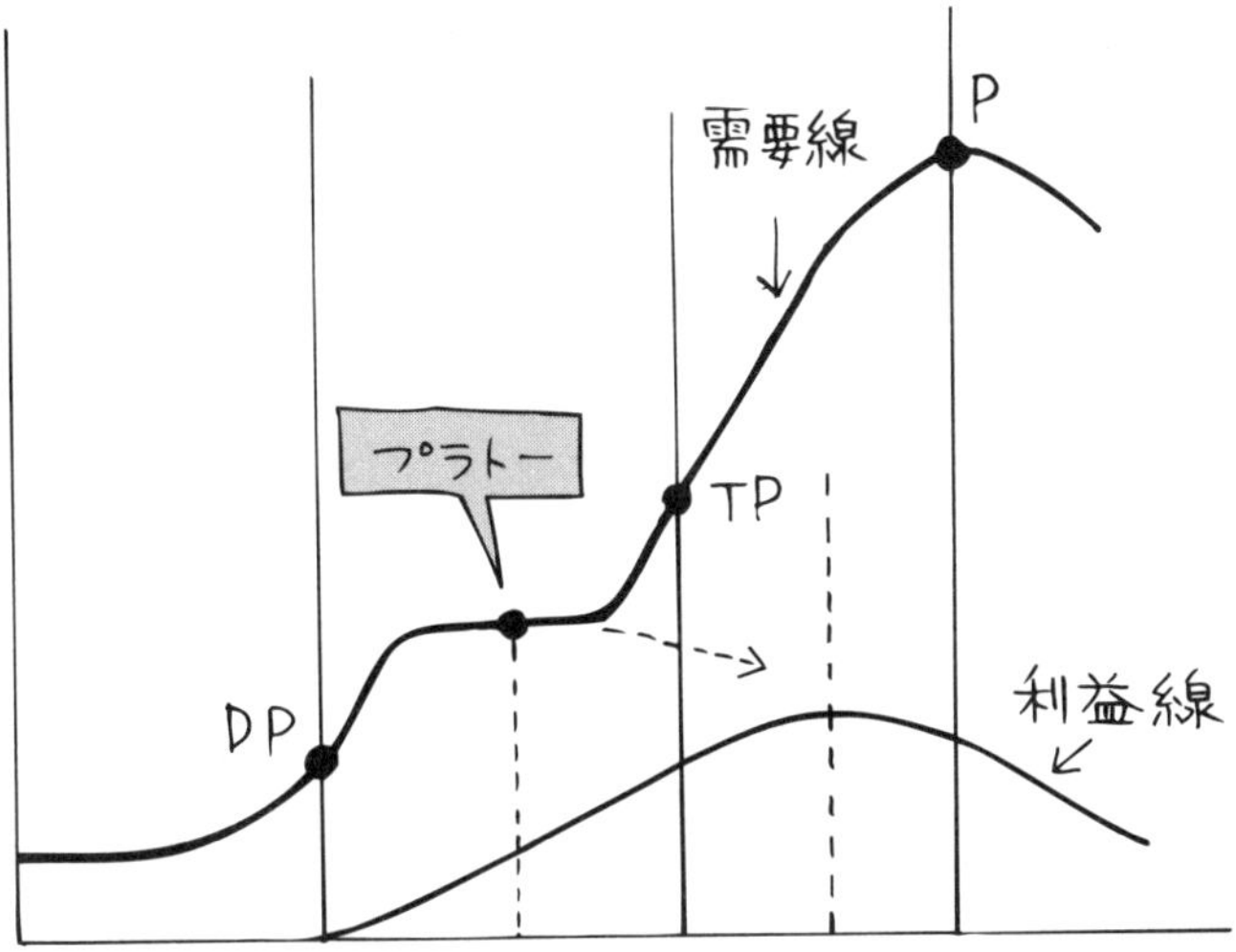

51 プラトー現象と参入戦略

導入期のあと成長期に入るが、そのまま市場が順調に成長していくわけではない。成長期の中間か、比較的早い時期に横ばい現象があらわれる。プラトー現象であるが、商品の普及率が10～15%に達した段階で起こる。日本の場合、商品の8割方にプラトー現象が見られる。カラーテレビもプラトー現象が、6ヶ月も続いた。

プラトー現象が起こるのは、市場の参入方法と関係がある。商品をアッパー・クラスから広げていくやり方（スキミング・ポリシーという。１４２ページ参照）をとると、その上の層に製品が一巡してしまえば、普及は一時止まってしまうからである。

プラトー現象のあと、再び上昇に転じるケースもあれば、そのまま落ち込んでしまうケースもでてくる。ライフサイクルの終焉と判断を見誤って、新製品の寿命を立ち切ってしまう失敗が起こる可能性もある。

このあたりの判断が難しいわけだが、このプラトー現象の終わるときこそ、後発組が市場に参入するもうひとつのタイミングである。先発企業の開発利益がようやく上昇しだす時期だからだ。

成長期に入ってからは、アッパー・クラスからいよいよミドル・クラスに広げていかなければならない。そこでとるべき戦略として、導入期には狭く入ったチャネルを広げていくということが挙げられる。チャネルを広げるとともに、製品ラインの複数化という戦略も必要だ。後発組としては先発組の商品に対し、差別化してひと味ちがった商品で市場に参入しなければならない。先発組もそれに対抗しなければならない。それが、製品ラインの複数化ということだ。

ポスト・プラトーといわれるこの時期の後発参入戦略は、市場参入戦略の大事なキーポイントになるのである。

再び上昇するか
それとも
下降するか
見きわめが
むずかしい
プラトー
後発の
我々が参入する
チャンスだ

52 T・P点（転換点）における参入戦略

成長期の次にやってくるのが成熟期。その境目にあるのがT・P点（転換点）だ。商品の普及率が50％〜60％に達した時点でさしかかるが、このT・P点の判定はかなり難しい。そこで一定の目安になる三つの判断基準を紹介しよう。

まず第一に需要の伸びが鈍化するということが挙げられる。鈍化といっても、その判断も難しく、データ処理方法によって違ってくる。金額のデータでは変化はつかむことはできない。単位あたり数量データで変化をとらえることである。

第二に先発と後発の占拠率の変化にあらわれる。当初は先発と後発のシェアが50対50で均衡しているが、成熟期になれば、やがて先発のシェアが落ちて、後発のシェアが上がってくるのである。ここにおける先発のとるべき戦略としては、徹底的な寡占化を図ることである。そのための値下げは避けて、セールス・プロモーションなどの手段を通じて、占拠率を上げなければならない。

後発の参入の条件としては、先発のライフサイクルのステージがどのあたりまできているかを見極めることが必要になってくる。低価格なのか、まったくの高価格なのか。後発の基本戦略はセグメンテーション（細分化）でなければならない。

たとえば、学生服であるなら「応援団用学生服」、コンピュータなら「公認会計士用ＰＣ」といったように用途をはっきりさせ、ターゲットを絞ることである。価格も、高級品を武器にするか、非常に安い価格帯のプライベートブランドで勝負するか、ということである。

第三に、参入の停止が挙げられる。新規の参入がまったくとまってしまうのが、成熟期の特徴の一つである。それにも条件があり、先発が圧倒的な占拠率を握っているとかメインとなるチャネルを押さえているとか、参入の障壁を築いていることだ。

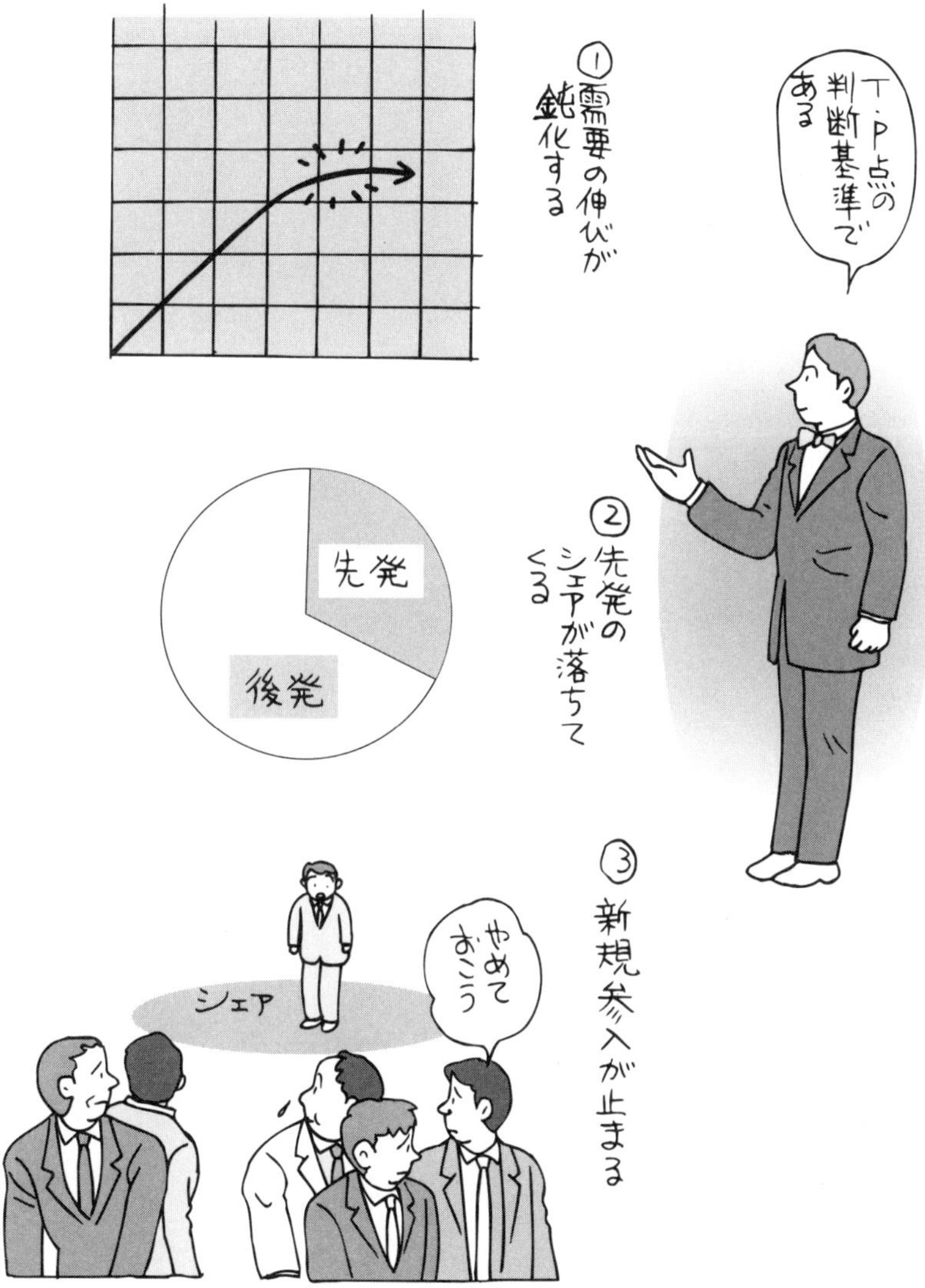
T.P点の判断基準である
①需要の伸びが鈍化する
②先発のシェアが落ちてくる
先発
後発
③新規参入が止まる
やめておこう
シェア

53 各ステージごとの戦略

今度は、各ステージごとにそれぞれどういった戦略をとるべきか解説しよう。

成長過程における戦略は、「ジャンケンポン理論」という言葉で言い表されることがある。「グー・パー・チョキ理論」ともいわれ、それぞれの段階での対応を「グー」「チョキ」「パー」という基本戦略で示したものだ。

それぞれの戦略を説明するまえに、まず導入期における特性を述べておこう。

まず、導入期について、いつまでを導入期ととらえるかについては、考え方が二つあることを述べよう。一つが、プラトー現象までを導入期とする考え方、もう一つが、デシ・ピークまでを導入期とする考え方だ。

導入期をトライ・アンド・エラーの時期ととらえるということもある。その上でその特性を挙げると、第一に新製品の販売量の伸びが緩慢であるということ、第二に直接競争商品がないということだ。第三に、主として高所得者層に対する販売の集中が行なわれる。

第四に、製品仕様がひんぱんに変更されるということ。これは、導入期がトライ・アンド・エラーの時期という考え方にもつながる。

五番目の特性としては、高い製造コストが挙げられる。ライフサイクルから見ても導入期は、赤字のケースが多い。第六に製品差別化、第七に狭い製品ライン。狭く入ることが、この時期の戦略の一つといえる。第八に高いマーケティング・コスト。世間一般に知られていない新商品だけに、広告投入量が大きくなるわけである。

第九に限定されたチャネル、十番目に産業需要の改革が挙げられる。新しい需要創造の新製品の開発が行わなければならないということである。

導入期の特性は次のようなものである
①
なかなか売れないな
②
競争者がいないよ
商品
③ターゲットは高額所得者層
④変更が多い
あ～ここも変更しなきゃ
⑤
製造コストがかかるよ
⑥製品の差別化
⑦狭い製品ライン
⑧
広告費がかかるよ～
⑨限定されたチャンネル
⑩
新しい需要を掘りおこすぞ

54 導入期・「グー」の戦略

「グー」とは握りこぶしをイメージしてもらうといい。一点集中主義でつきすすむ姿をあらわす。

導入期は、まず顧客層をセグメントするということが大切。あるいは地域を限定するのでもいい。消費母体を推定してかかるべきだ。そのため、広告活動も口コミ型、チラシ型を中心に行なうべきである。新聞やテレビといったマス媒体を使っての広告は、大いなるムダが生じる結果になる。

トライ・アンド・エラーという表現からも分かるように、導入期は不確実性を抱えているものである。商品の仕様やデザインの変更などは、初めからあってしかるべきと考えておきたい。

商品も、複数の製品ラインではなく、一本に絞って勝負をかけるべきである。チャネルを狭くするということは、販売ルートなどの流通チャネルにも同じことがいえる。業種や業態を絞り、併売店を避けて、専門店に商品を流すなど、チャネルを徹底的に絞ること。

導入期においては、「下手な鉄砲も、数撃ちゃ当たる」式に何でもかんでもというやり方は、まず失敗する。

価格戦略に関しては、予定よりやや高めに設定して市場に流すべき。導入期の特徴として、生産コスト、マーケティングコストなど、すべてにおいて高くついてしまうからである。

それに、この時期には後発の参入はまだない。ライバルがいないわけだから、原価計算から割り出される予想原価より、少々高くても、売れるものは売れるのである。

そして、商品の売れ行きや後発組の動向を見ながら、必要に応じて価格を引き下げていけばいいのである。価格戦略は、この手順で臨むのが導入期の基本である。

以上が導入期における「グー」の戦略である。

グーッ
誰にでも合わせる商品ではなく…
併売店ではなく…専門店を狙う！
せまくそして深くで勝負するぞ
これがグーの戦略である

55 成長期・「パー」の戦略

「パー」の戦略は、拡大路線をとるという意味で、手のひらをできる限り開くイメージを持てばいい。

成長期になれば、限られた消費母体から、上の階層から下の階層へ、あるいは同じ階層でも男性から女性へ、といったように波及効果をもたらし、販売量は数量、伸び率ともに二次曲線的な伸びを見せる。

ほかに、成長期の特性を挙げると、

①競争製品の追加・増加（ここで後発の参入が行なわれるということ）②最初の大規模な製品改良③大量生産の開始④中所得階層の重要性増加⑤販売チャネルの拡大⑥販売業者における各種ブランドの取り揃え⑦価格低下⑧利益増加⑨選択的需要のスタート⑩新製品の不況に対する抵抗

などが、挙げられる。成長期をどこからどこまでと区切るかによって多少違ってくるし、プラトー現象の前と後では、また様相は異なる。

成長期の戦略は、プラトー現象のあとに本格的に始まるが、先発としては、成長期にはプラトー現象が起こるものと予定し、自社製品に対し、大規模な改良・差別化などの対策を立てておかなければならない。いずれ参入してくるライバルに対しての差別化でもある。成長期は、敵に対する戦略も重要性がでてくるのだ。

顧客層の拡大に合わせて、流通チャネルも単一ルートでは足りなくなり、拡大の必要がでてくる。後発の参入によって、ブランドの多様化現象がすすみ、販売店の併売店が増加するから、店ごとのシェアの確保にも手を回さなければならない。

価格低下には、高級品、スタンダード、特売品といったように、製品ラインを多様化させて利益をキープする。

成長期とは、拡大化と多様化へと移行する時期であり、「グー」から「パー」へと手を開く時期ということができる。

これから
拡大路線で
いくぞ
手を広げて
いろんな
ニーズに
合わせるんだ！
これが
パーの
戦略で
ある

56 成熟期・「チョキ」の戦略

「チョキ」とはジャンケンでいう「はさみ」。いわゆる「切り捨て」をイメージしてもらえるといい。

商品の普及率が60％くらいまで上昇すると、成長期から成熟期に突入する。マスターゲットが限界に近づくため、販売量は増加するものの、伸び率が停滞するという傾向が出てくる。いつ、成長期から成熟期へ転換したか見極めがむずかしいが、判定基準はそういったところにあらわれる。

成熟期のほかの特性としては、

①低価格支配②広告力やブランドが力を持たなくなる③メーカーとディーラーのほぼ対等化④占拠率が売上の伸び率を決定づける⑤景気変動の影響は企業ごとに訪れる

といったものが挙げられる。

販売量の伸び率にかげりがみえてきたら、メーカーとしては、頻繁にモデルチェンジを行なわなければならない。しかも、製品の品質における差別化から、デザインの差別化、あるいは、○○用といったように用途上の差別化に移行する。サービス競争の色合いを濃くし、利益率は落ち込んでくる。

さらに、広告効果がなくなることから、広告投入量を減らし、逆にセールス力の投入量を増やさなければならない。占拠率競争の場となっていくのである。

寡占化が進む傾向にあり、1位に対する2位、3位企業の差別化戦略はますます重要になってくる。ここで大きな力になってくるのが、「ナンバーワン」をいくつ持っているかということになる。ナンバーワンのチェックの必要性が高まり、強者には強者の戦略、弱者には弱者の戦略が求められる。弱者が参入するには、ナンバーワンを持つために「狭く」入るべきなのだ。

成長期には拡大路線をとってきたが、成熟期になれば、低占拠率のブランドはカット（チョキ）していかなければならないのである。

チョキ
これからは利益率の落ち込んだものはカットしていくぞ
これが「チョキ」の戦略である

57 先発弱者と後発強者

各成長段階で、それぞれ戦略があることを述べたが、強者と弱者の戦略をまとめておこう。

段階ごとに、戦略を変えなければならないことを強調してきたが、その戦略を間違えれば、先発が後発にキャッチ・アップされて弱者に転落することも十分ありえる。

この「悲劇」は、主に次の三つの原因によって起こる。

①後発の参入の時期の予測を持たなかったか、読み違えた

②強者であることで油断し、転換の発想を持たなかった

③成熟期で「カット」を行なわず、水ぶくれ状態になった

後発組は、デシ・ピーク（DP）点やプラトー現象、転換点（TP点）など、かならずといっていいほど成長曲線の節目で参入してくる。先発弱者の企業には、その予測がないため、戦略転換の発想がないか、手遅れになってしまう。

その具体例を挙げると、アルミサッシの業界がある。いまでこそ、業界第一位は、YKKであるが、かつては不二サッシがシェア40%を占めるトップ企業だった。不二サッシの失敗は、流通チャネルの選択に失敗の原因があった。導入期に、ガラス屋を通して製品を流したまではよかった。成長期に大型商社を選択したのがまずかった。商社の系列会社がサッシの開発を始めると、せっかくチャネル・デベロップしておきながら逃げられてしまったのだ。

後発のYKKは、先発とは関係ないインテリアと塗装関係というチャネルを開拓し市場に参入、成功したのである。当然、YKKは、後発強者ということになる。

このように後発強者は、成長曲線の節目ごとに、的確な転換の戦略をとってきたところが多い。

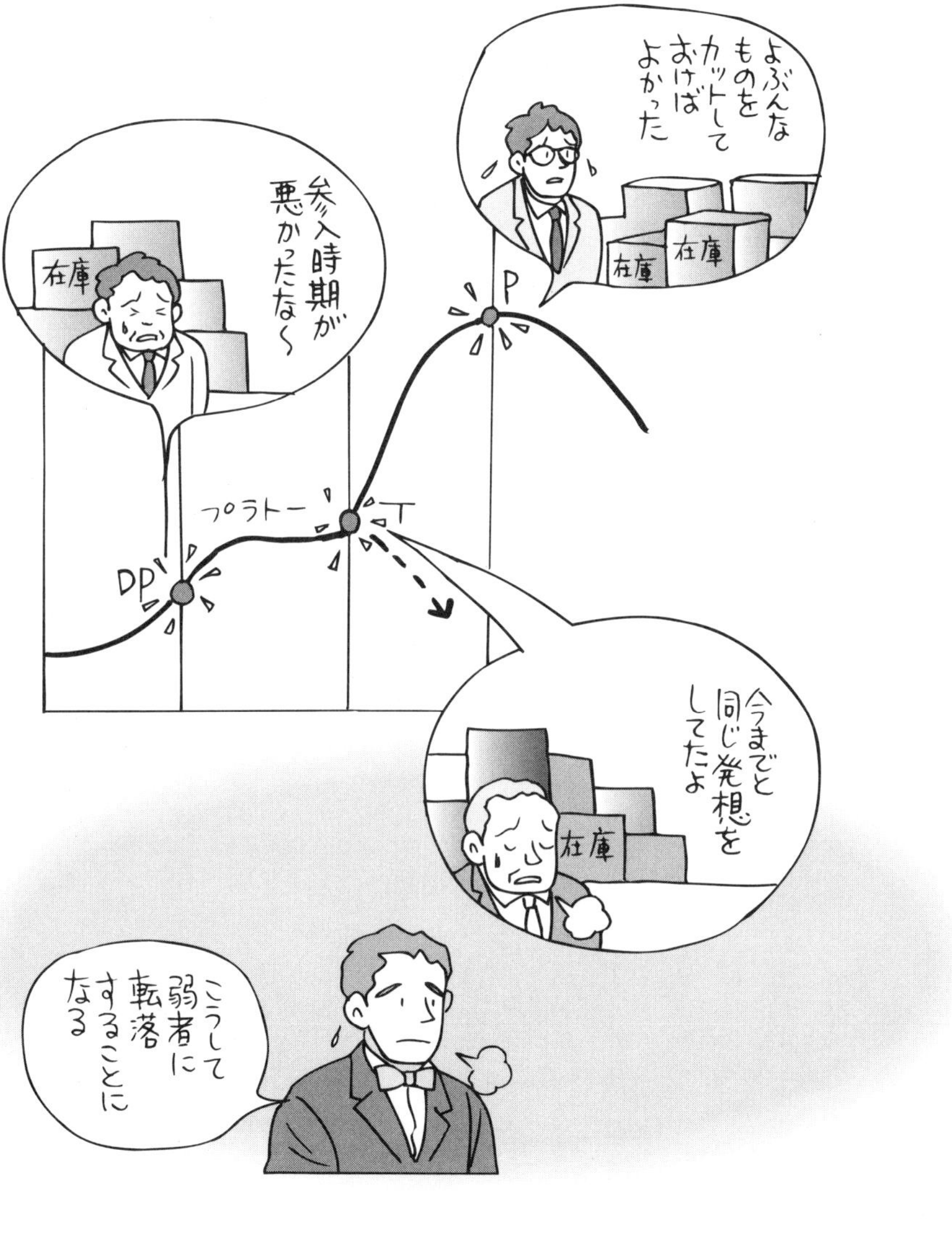
参入時期が悪かったな～
在庫
よぶんなものをカットしておけばよかった
在庫
在庫
P
DP
プラトー
T
今までと同じ発想をしてたよ
在庫
こうして弱者に転落することになる

58 四つの階層区分

ランチェスター戦略は、顧客対象のセグメンテーションの重要性を説いているが、ここで顧客階層の区分について解説しよう。

階層区分にはさまざまな方法があるが、現在のところイリノイ大学のベル教授のやり方が主流になっている。ベル教授は、階層を四つに区分している。上からスキミング層、イノベーター層、フォロアー層、ペネトレーション層である。

スキミング層は、一般消費者のレベルでいえば、所得にして年収二〇〇〇万円を超える高額所得者だ。企業なら、日本を代表するような大手メーカーや総合商社に相当するような、最上位の地位にある階層である。

その特性は、まず金銭的に不自由しないので価格に鈍感で、景気の動向に左右されることも少ない。それでありながら、購買決定者数が多く、その意思決定にいたるシステムが確立されているケースも珍しくない。

特定のブランドにこだわることなく、また特定の企業に忠誠心もない。いわゆる八方美人である。

二番目の階層のイノベーター層は、すぐ下のフォロアー層から這い上がってきた経歴があり、いわば「弱者」だった過去がある。そのため、スキミング層に対する対抗心とコンプレックスの裏返しの自己顕示欲を強く抱いている。

最高級の時計や自動車などを所有したがる傾向にあり、「見せびらかしの消費」活動に走りがちだ。

最高級品志向がありながら、価格にはこだわらないのかというと、決してそうではない。価格には敏感でありながら、世間体を気にして、こだわらないフリをするという屈折した心理を持つ。

知識欲旺盛で、新製品への関心は強い。「先買い層」といわれ、あたらしい商品が出ると、真っ先に飛びつく。新製品投入には、重要な層といえる。

スキミング層
とにかくお金持ち
イノベーター層
一流品だぞ
見栄っぱりだが
対抗心も
持っている
フォロアー層
ペネトレーション層

59 フォロアー層とペネトレーション層

スキミング層（上澄み層）、イノベーター層（革新層）に続くフォロアー層は、追随層といわれ、成長期の担い手である。スキミング層が全体の3～4％、イノベーター層が10～15％であるのに対し、30～35％にも達する。

この層の特性としては、流行には敏感だが、すぐに飛びつくようなことはしない。周囲で買っている人間が出てくると、自分も買いたくなるのだ。商品の浸透とともに、やがて流行を追う中心的存在になる。導入期の担い手がイノベーター層であるのに対し、成長期の担い手となるゆえんだ。

この層は、上の層にコンプレックスを抱くことはない。景気動向に左右されやすく、価格には敏感。好景気のときは、イノベーター層に引きずられるが、不景気のときは下のペネトレーション層に引きずられることが多い。

四番目のペネトレーション層は、浸透層といわれ、所得レベルで年収四〇〇万円以下の層にあたる。数では40～50％と最も多い。

この層は、安ければ買うという、価格で動く傾向にある。安ければどこのブランドでもかまわない、中古品でもかまわない、という安さがすべてに優先する。大安売りとか特売といった言葉に敏感で、しかも、景品付き、オマケ付きといったインセンティブに乗りやすい特徴がある。

有名タレントが行く店、アイドルが着ている服などといった、後光効果にも影響されやすい。

以上が四つの階層の特性であるが、市場参入の際には、どの階層にターゲットを絞るか、コンセプトを明確にするべきだ。漠然と新製品を投入したのでは、ロスばかりが大きくなってしまう。

上の二つの層を狙って市場参入する方法をスキム方式、下の二つの層を狙って市場参入する方法をペネット方式という。

スキミング層
イノベーター層
成長期の担い手
みんなが持ってると欲しくなる
フォロアー層
テレビであの女優が着てた服のコピー商品！
ペネトレーション層
あっ、あっちの方が安い！

60 スキム方式

新製品を市場に投入するとき、高所得者層に狙いを定める方法をスキム方式(スキミング・ポリシー)という。問屋なら大型店、小売ならデパートから入るやり方だ。日本で多く採用されている方法だが、先発として参入するにはもってこいといえよう。なぜなら、「流行は上から下に流れる」という法則があるからである。マーケット・リーダーである、イノベーター層を通過させたほうが、流行は広がりやすい。

また顧客対象をはっきりさせ、顧客のリストアップが必要な商品は、スキム方式が最適だ。最初から量産しないような商品、用途が限定され、販路を絞ったほうがいい商品についても同じだ。弱者の戦略である一点集中が可能であることを示す。

宝飾品など最高級商品も、スキム方式に限られるといえよう。高額品は、もともとフォロアー層はついてこないからだ。価格に鈍感なスキミング層を狙ったほうが無難である。

価格政策からいえば、標準価格を上回った価格を打ち出していく。価格に鈍感なスキミング層を狙うだけでなく、「見せびらかしの消費」をしたがるイノベーター層の虚栄心をくすぐるのである。ここで、低価格で新商品を売り出しても、逆にイノベーター層のプライドが購入欲を刺激しないことになる。安物を買うということを、プライドが許さないのだ。

広告戦略も、マスコミなどを使った広範囲な広告は、効果に対して疑問がある。セグメントされた階層をターゲットにするわけだから、きめこまかいアプローチが必要になる。たとえば、雑誌広告を使った場合でも、書店に任せっきりにするのではなく、何冊か買いとって消費母体に発送し、さらにパブリシティ訪問するといった作戦が有効になってくる。

アッパー・クラスの一つの特性として、インフォーマルなサークルを作るというのもある。

愛読者カード (We need your opinions !)

ご購入図書名

ふりがな
ご氏名　　年令　　歳　男

ふりがな
ご住所　郵便番号(　　)・TEL (　　-　　-　　)
都道
府県

Eメール・アドレス

●ご意見・ご希望

図書注文書 小社図書のご注文はお近くの書店さんへ 店頭にない場合は、注文すると取り寄せてくれます。 **どうしても入手できないときは?** このハガキでお申し込み下さい。ただし、送料がかかります(冊数にかかわらず210円)。書籍代金および送料は商品到着時に配達業者(クロネコヤマトまたは日通)へ直接お支払い下さい。到着までに4〜7日かかります。	冊数

郵 便 は が き

切手を
貼ってお出
し下さい

1 1 2-0 0 0 5

(受取人)
東京都文京区水道
2—11—5

明日香出版社

行

スキミング層
こんな商品はいかがでしょう
あっあの商品が欲しい
イノベーター層
フォロアー層
流行は上から下に流れる
ペネトレーション層

61 ペネット方式

スキム方式に対し、フォロアー層とペネトレーション層の下の層を狙って市場参入の方法をペネット方式という。スキム方式が先発組が市場参入するときに用いられるのに対し、ペネット方式は大量販売を狙う後発組の差別化戦略として用いられる。プラトー現象時に、それを避ける目的もある。

ペネット方式を選択する基準を挙げよう。

まず、第一に大衆的で、単位当たりの生産コストがあまりかからない商品が適している。先発や強者より低価格で勝負するというのが、条件だからだ。始めから量産可能で、サービス用品、あるいは消費財的な商品の投入に多く採用されるのは、そのためである。

次に、需要の増加にしたがって生産コストが節約できる、原価がどんどん下がってくる商品が向いている。量産することによってメリットが生じるからだ。追随するライバル会社の参入を食い止めておきたいときにも多くとられる。後発にしてみれば、先発がペネット方式で入ったときは、なかなか参入しにくいものだ。先発が低価格で参入したときは、後発はさらに下回る価格で勝負しなければならないからだ。

松下電器がこのペネット方式を採用することが多い。ソニーなどがスキム方式で新製品を出したあと、その商品の動向を見ながら後発参入するのである。〈マネシタ電器〉と揶揄されるゆえんである。

また健康食品のファンケルも、高級品のイメージが強いローヤルゼリー製品を低価格で後発参入し、シェアを広げた。

ペネット方式を成功させるためには、価格のほかに、催し物、実演付き、景品付きなどと併行してやっていかなくてはならない。対象とする顧客が、周囲が買えば自分も買うという層だからだ。そのため、口コミによる接近戦が有効である。

スキミング層
ペネット方式で売るには大衆的で安価な商品が向いている
イノベーター層
発売記念イベント
フォロアー層
今ならこの景品がついてますよ
さあごらんください
この製品はこうやって使います
ペネトレーション層

62 市場導入における価格政策

市場参入において価格政策は重要な案件であることは述べたが、さらに詳しく解説しよう。

価格政策には、二つのポイントがある。一つが、スキム方式で市場参入したときのスキミング・プライス。いわゆる標準価格の問題。もう一つが、ペネット方式で参入したときの割安の価格である。

新製品を市場に出すとき、標準価格を上回った価格設定を行なうのが一般的であるが、では、その標準価格が何かが問題である。価格決定は、ほとんどの場合、原価加算主義、すなわちコストに管理費と適正利潤を加えて価格を決めるのだが、実際のところ価格の決定にはこれが正しいという方法がなく、価格は常に任意価格といういい方もできるのだ。

標準価格には、二つのラインがある。「階層区分」でいうと一つはスキミング層の下限、もう一つはフォロアー層の下限に標準価格のラインがある。前者のラインよりやや上回ったところに設定される導入価格がスキミング・プライス、後者のラインよりやや上回ったところに設定される導入価格がペネトレーション・プライスである。

平均的にイノベーター層とフォロアー層の中間を狙ったところに標準価格があるだろうという単純な考え方は間違いである。その価格を設定したら、「高いものはいいものだ」と信じているイノベーター層からはそっぽを向かれる。フォロアー層もそれに追随する。戦略的ではない、平均的な価格設定が失敗する理由はそこにある。

市場対象を明確にして、標準価格をやや上回った価格で市場導入をはかることである。

これとは逆にペネット方式で市場参入したときにとられる割安価格の問題もある。ペネット方式では、「強者や先発に対して2割以上低価格で勝負する」といわれている。

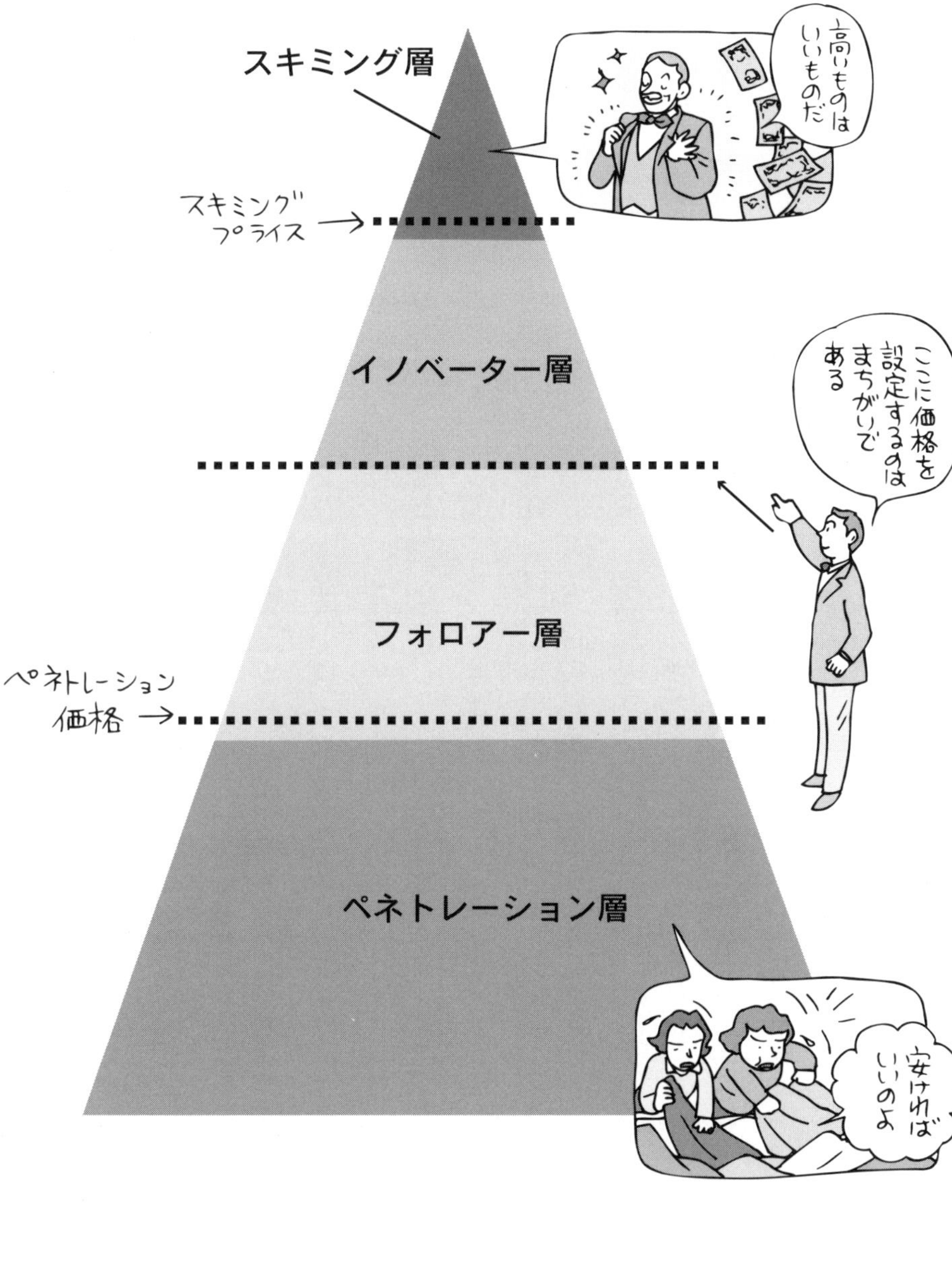
スキミング層
高いものはいいものだ
スキミングプライス
イノベーター層
ここに価格を設定するのはまちがいである
フォロアー層
ペネトレーション価格
ペネトレーション層
安ければいいのよ

63 プロダクトラインの原理

新製品による市場参入は、製品ラインの増加、新規事業の設定ということで、多角化の問題とも絡んでくる。

多角化の問題には二つのマーケティング理論がある。その一つが、プロダクトラインの原理といわれているものだ。商品群を四つに分類したのが、次のページの表である。縦軸をシェアの成長度、横軸を商品の魅力度で分類したものである。

右上は、商品の魅力度が高く、シェアの成長度も高い。将来的に需要が増大してくる成長商品群である。「明日の担い手」であり、いずれ右下の「金のなる木」となる商品群である。

その「金のなる木」は、「今日の担い手」であり、シェアの成長度は低くなっているものの、今日の稼ぎ頭である。売上高、粗利から見ても、全体の中で多くの部分を占めている重要な商品群といえる。

左上が「問題児」といわれるもので、シェア成長度は高いものの、商品の魅力度が低い。

左下が、シェア成長度も商品の魅力度も低い「負け犬」。これ以上の投資は難しく、「過去の栄光商品」といわれている。ほぼライフサイクルが終わった商品群で、「未練商品」「社長の趣味商品」と呼ばれているものだ。

注意しなければならないのは、すべての商品にはライフサイクルがあり、絶えず各商品のバランスの考え、ポートフォリオを組まなければならないことだ。将来を見据えながら、商品を入れ替え、商品の多角化をすすめていくべき。

ライフサイクルが終わった商品は、できるだけ早く撤退しないと、企業の足を引っ張るばかりである。

左の表は、アメリカのGE社に対して、マッキンゼー社とボストンコンサルティング社が、経営管理手法として成功した商品群の管理法である。

プロダクトポートフォリオマネジメント
大
シェア成長度
問題児
ワイルドキャットビジネス
スター
花形（明日の担い手）
大
魅力度
小
負け犬
ドッグビジネス（過去の栄光）
金のなる木
キャッシュカウビジネス
小

ポートフォリオとは米国GE社に対してマッキンゼー社とボストンコンサルティンググループ社が経営管理手法として導入して成功したプロダクトミックス技法である（元は一覧表とか株主の一覧表とかの意味である）

64 プロダクトミックスの原理

プロダクトラインの原理が、それぞれの商品の量的な組み合わせであるのに対し、商品ごとの性格上の組み合わせ、商品間の質的な組み合わせの問題をプロダクトミックスという。

「ミックス」には、①商品を追加して組み合わせる②相乗効果がでるように組み合わせる、という二つの意味がある。①の問題から考察してみよう。

成熟した現在の社会では、商品のライフサイクルはますます短くなっていくばかりだ。そこで、商品をモデルチェンジしていく形や、スタンダードに対してデラックスという形などで、商品を組み合わせていくのである。それによって単品のAという商品だけだったらすぐ寿命がつきてしまうところを、A→B→C→D……というように製品系列をつなげていくのである。

系列全体のライフサイクルを伸ばして行こうというのが、追加型ミックスの考え方である。

一方、相乗効果を狙ったミックスは、Aという商品が売れればBもそれにつれて売れるという相乗性のある商品の組み合わせをいう。シャープペンシルとその芯、家具と調度品といった、本体と部品の関係などが典型といえよう。

多角化を商品の量の問題だけでとらえて、商品の質的な組み合わせについての発想がないと、一方の商品が売れると、もう片方の商品が売れなくなるといった事態を招きかねないので注意が必要だ。

商品の組み合わせには、守りの商品と攻めの商品の組み合わせの問題もある。守りの商品は、市場力、占拠率、成長性、収益性によって支えられる商品で、攻めの商品は、特定の市場や用途に絞り込んだ、いわば弱者の戦略で立てられた商品をいう。これらの商品から、市場性や成長性がない商品をカットしつつ、一方で攻めの商品を開発していくというように、バランスよく組み合わせていくのである。

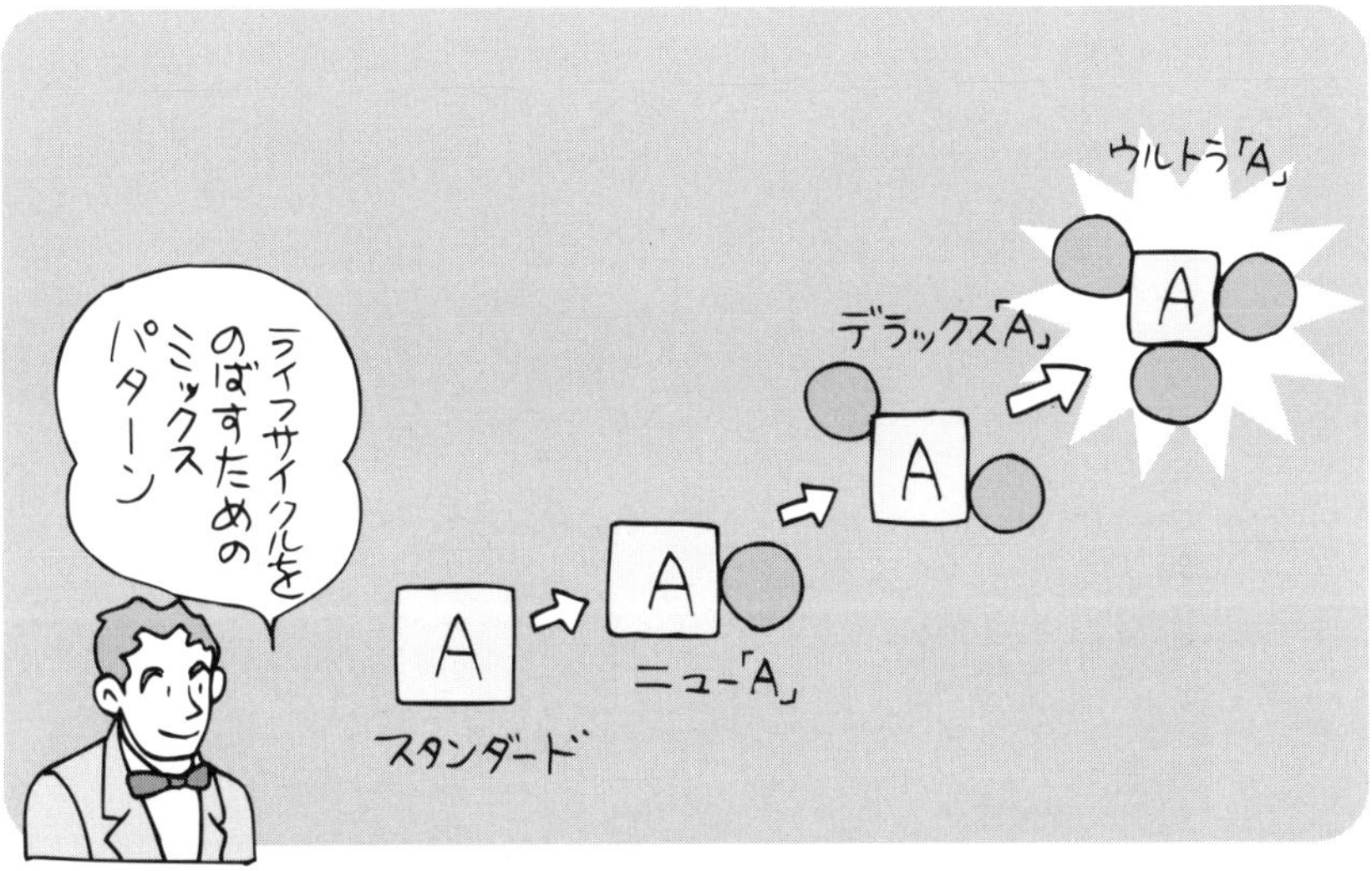
ライフサイクルをのばすためのミックスパターン
ウルトラ「A」
A
デラックス「A」
A
A
ニュー「A」
A
スタンダード

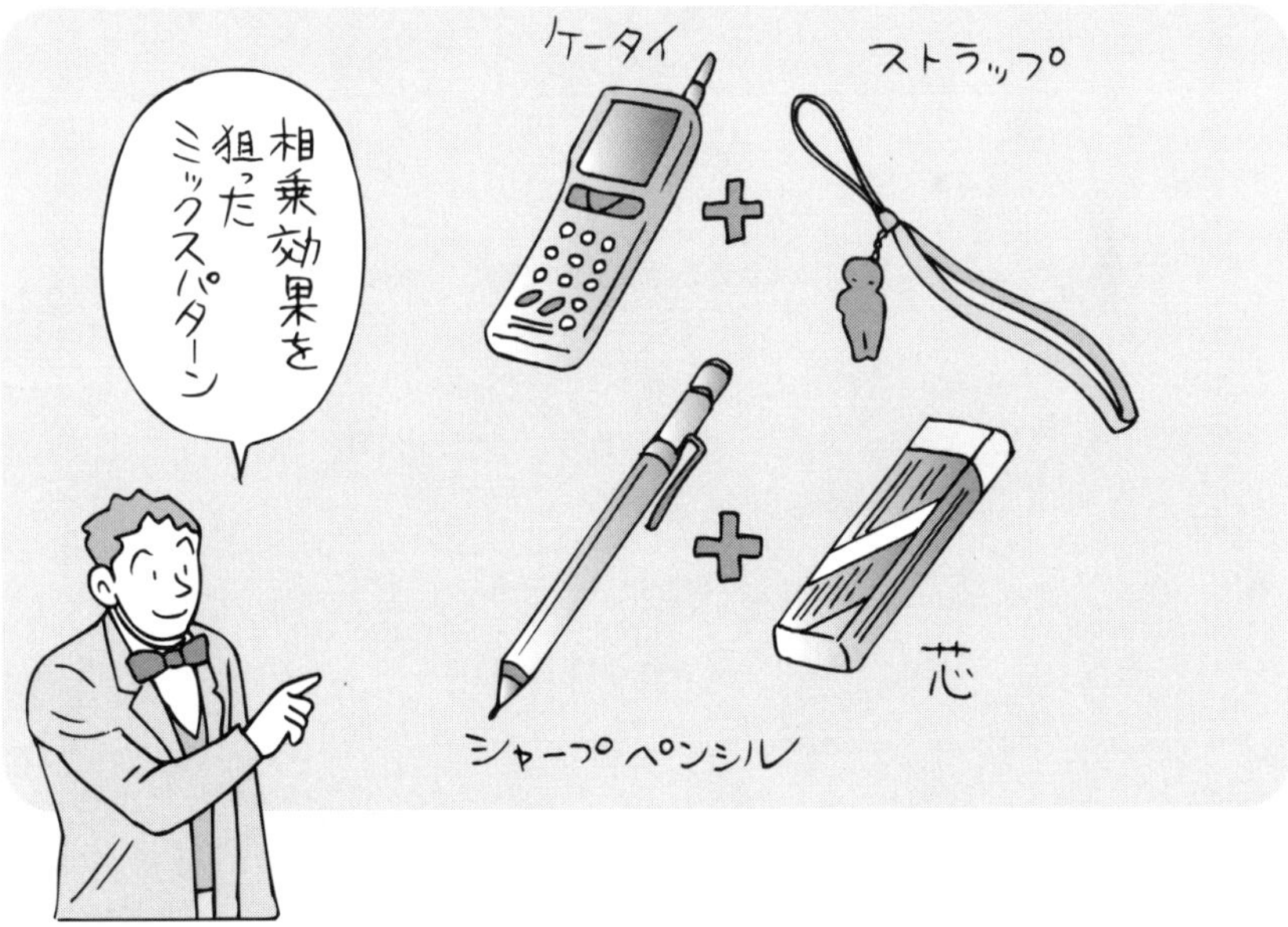
相乗効果を狙ったミックスパターン
ケータイ
ストラップ
芯
シャープペンシル

第7章　情報収集と管理法

65 ゼロベース発想を持て

日本はいまや成熟社会を迎えている。多くの商品の普及率がピークに達し、右肩上がりの経済はもはや望むべくもない。そうなると、より戦略的な企業、ビジネスマンとそうでない者との格差が広がっていく一方だ。高度成長時代であれば、ただやっていれば商品は売れ、業績も伸びただろうが、今の時代には、より戦略的で攻撃的な発想がないと、取り残されていく。

戦略的な体質に改善するには、発想の転換が必要である。過去の経験からくる先入観、固定観念は捨てることだ。過去の延長線上に現在や未来をとらえないこと。「過去をゼロ」とする「ゼロベース発想」が必要である。

不況が長引き、構造変換が求められる時代に、過去のデータはもはや通用しない。景気の好不況のサイクルが一定でなくなり、市場の変化が過去の経験則を受け付けなくなっているからだ。

具体的には、経験主義や過去の実績主義で動くのではなく、勝ち方の科学の基本どおりに動くことである。

戦略の基本は、第1章で述べたとおり、「勝つ」という信念からスタートする。そこから、営業マンの行動、時間の使い方、訪問先の決め方、巡回の方法も、勝つという信念に基づいて展開するべきなのである。

非戦略的で非攻撃的な営業マンやビジネスマンは、過去の基準で現在を見る性癖があるだけでなく、実績が上がらない原因を製品や価格のせいにするなど、責任を他に押しつけたがる。自分の行動に対して反省がないから進歩もない。逃げているのである。

そこには精神主義とは決別した、科学的管理が必要になってくる。決してマンネリに陥ることなく、常に、勝つための戦術を考え、行動することが大事なのである。

私の今までの経験からいえば
今までこうだったんだから
こうなるはずだ
我が社はこの方針でいく!
だめですよそれでは
今は過去の実績や経験が通用しない時代なんです
過去をゼロにするゼロベース発想が必要なんです
じゃ何を頼りに行動すればいいんですか?
まず「勝つ」という信念からスタートすることです
勝つ!
ではこれからその方法についてお話ししましょう

66 情報があって戦略が成り立つ

情報がなくては、戦いにおいて相手に勝つことはできない。情報があってこそ、より効率よくライバルに勝つ手段や方法が思いつくのである。

何も考えず、ただルーティン・ワークを漫然とこなしているような営業マンやビジネスマンは、戦略的活動ができるわけがない。マンネリに陥って、ライバルに遅れをとるばかりである。マンネリに陥らないためには、まず自分の足で情報を収集することだ。その情報が、そのまま発想転換の引きがねになることも多いのである。たとえば、

①得意先の数が自分で考えていたよりどれだけ多いか

②ツボに当たる顧客や地域が、いかに常識と違ったところにあるか

③県境、川べり、山間など辺境にいかに未訪問先が多いか

④得意先の経営者や担当者の入れ替わりがどれだけ起きているか

などの現象を自分の肌で感じとることが必要なのである。それには、問題意識を持つことが大切。ただ、歩き回っているだけでは、何も得ることはできないだろう。

実際に競争時代を勝ち抜くには、次の三つの前提が必要条件になる。

①現場で、自分は強者なのか弱者なのか、数値ではっきり認識する。

②自分が弱者だとしたら、どうしたら実戦で勝てるか、実際に勝てる戦いの場を想定する。

③自分が勝てるかどうか、客観的かつ論理的に判断しなければならない。

この三つの前提とともに、「セールスとは市場の奪い合い」であるという強い認識が必要だ。そこで、初めてどこに的を絞るか、どこから市場を奪うか、どのようにして奪うかという戦略発想が生まれる。

問題意識をもって情報を集めることだよ
得意先の色々な情報が今まで思い込んでいたものとは違うということに気がつくはずだ
そしてその情報を生かして勝ち抜くには自分の情報も知ることだ
自分はシェアー的に戦力において強者なのか弱者なのか
自分が弱者だとしたら実際に勝てそうな戦いの場を想定する
そして本当に勝てるかどうか
客観的に判断しなければならない

67 情報の分析と細分化

ナンバーワン企業の強みの一つに、情報量の多さが挙げられる。得意先数、営業マン数、代理店数が多ければ、それだけ入ってくる情報も多くなる。しかし、その情報をどれだけ有効利用しているかどうかは、また別問題だ。入ってくる情報を問題意識もなく、ただ見ているだけでは、それは一つのデータでしかないということになる。データをみて「こうしよう」と意思決定につながったときに、初めてデータが情報になるのだ。

データを情報に変えるには、①データを分析する②データを細分化する、という二つの行動が必要だ。

データの分析から説明しよう。たとえば、「○×市は、山間の地にある城下町」という事実があったとする。非戦略的なビジネスマンだったら、「そうか」で終わらせ、ただのデータでしかない。

有能なビジネスマンなら、「地域を細分化するに当たって、そこが城下町か宿場町か分けて考えることが大切だ。城下町はうち者が多く、外からは入りにくいが、その分確率戦にはなりにくい。山間なら局地戦なら弱者のわが社でも、一点集中でセールスすれば、勝てる可能性はある。もう少し、市場調査しよう」ということになる。

同じ事実であっても、戦略的ビジネスマンとそうでない者とでは、データの扱いにこれだけ差がついてしまうのである。

次にデータを情報に変えて有効利用するには、データを細分化する必要がある。ある地域も人口を見るのでも、総人口だけでなく、男女別、年齢別というように細分化することだ。地域をとらえるのでも、細分化してみる。ある地域のシェアが10％だとして、全体でとらえるのではなく、A地区15％、B地区7％…というように分ければ、どの地区に行動の重点を置くかが見えてくるし、次にどんな手を打つべきかが分かる。

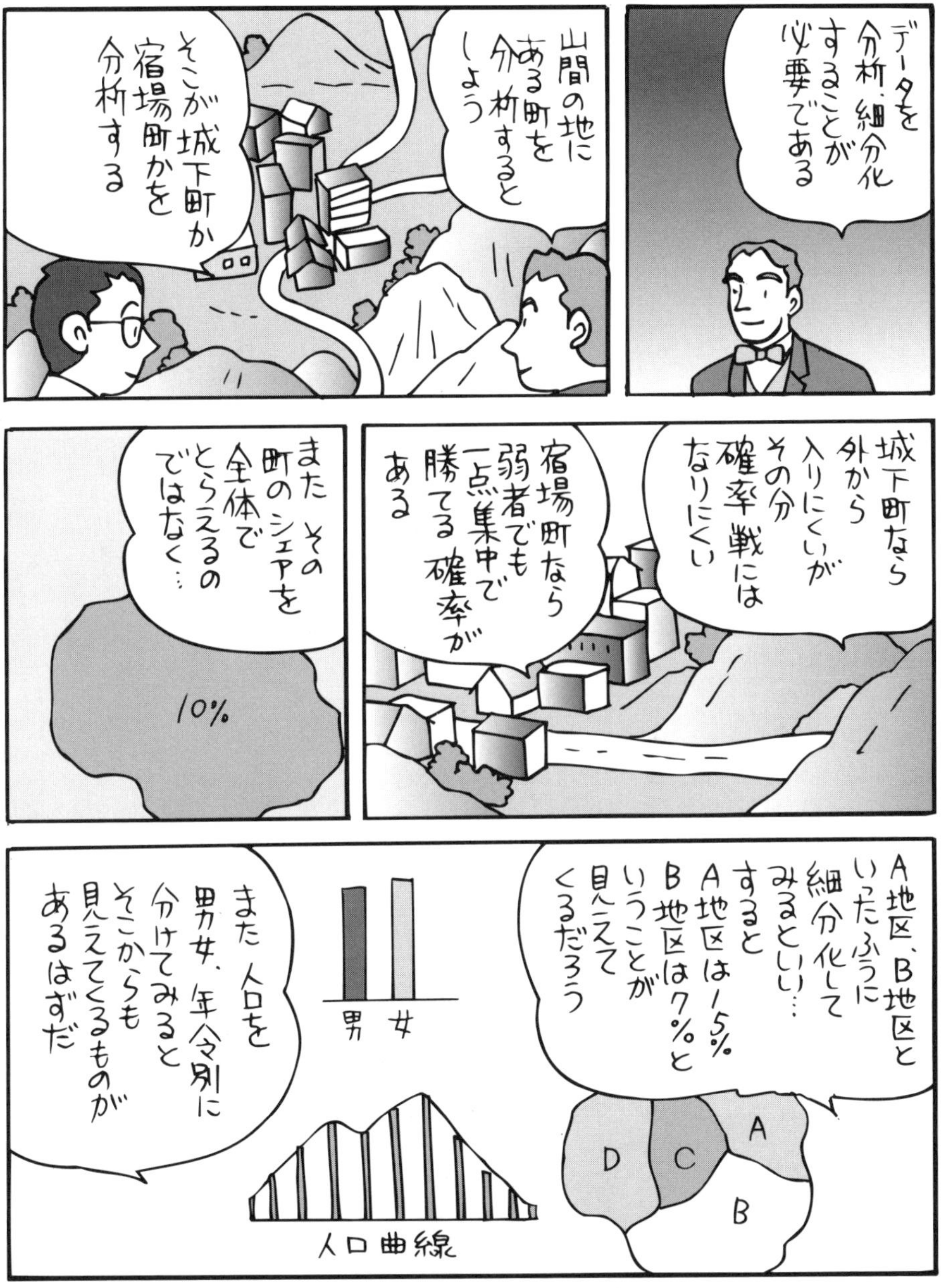
データを分析、細分化することが必要である
山間の地にある町を分析するとしよう
そこが城下町か宿場町かを分析する
城下町なら外から入りにくいがその分確率戦にはなりにくい
宿場町なら弱者でも一点集中で勝てる確率がある
またその町のシェアを全体でとらえるのではなく…
10%
A地区、B地区といったふうに細分化してみるといい…するとA地区は15%B地区は7%ということが見えてくるだろう
A
B
C
D
また人口を男女、年令別に分けてみるとそこからも見えてくるものがあるはずだ
男
女
人口曲線

68 地域情報と販売情報

とりわけ営業マンにとって重要な情報は、大きく分けて地域情報と販売情報がある。その二つも、それぞれ定量的情報と定性情報がある。

地域情報の定量的情報とは、人口や世帯数、商店数、所得、商業販売数など数量化できる情報をいい、定性的情報とは、地域の気候や風土、県民性、商習慣などをいう。人口、所得、商業販売学の三つを市場の三大指標と呼ぶ。年齢別、男女別、未既婚別、職業別、世帯数は構成人数別、居住形態別、といった具合に細かく分けて業地区なのか、城下町なのか宿場町なのか、成長市場なのか成熟市場なのかといった分析を試みる。

次に販売情報。なかでも最も重要視しなければならないのが、競合他社の実態に関する情報だ。同じ地域におけるライバル会社の営業所や支店の立地、テリトリーサイズ、営業マン数、訪問回数などが有効になってくる。

販売情報のとらえ方として、実数や伸び率はもちろんのこと、商品別、顧客層別の総需要のバラツキを分析することが重要になってくる。バラツキの原因を探ることが、そのまま戦略につながるからだ。

他社の情報だけではなく、自社の情報も把握しておかなければならない。取引店における店内シェアの測定と納入比率は、マーケットシェアの推定の前提となるだけに、絶対に欠かせない。収集した情報はグラフ化したり、マップ化したり、読みやすく加工すること。しかも、営業マン自身が行なうことによって新しい発想を身につけることができる。

販売情報はどれもこれも重要なものばかりだが、その営業マンの日ごろの活動の成果が、そのまま情報の量と質になってあらわれてくるといっていい。同じ地域情報は戦略の方向づけをするものだが、販売情報は、戦略を決定づけるものといっていいほど需要なものである。

営業マンにとって重要な情報は大きく分けて地域情報と販売情報である
地域情報
世帯数、人口
商店数、所得
風土、県民性、等々
販売情報
競合他社の実態に関する情報、商品別、顧客層別のバラツキ、自社の情報

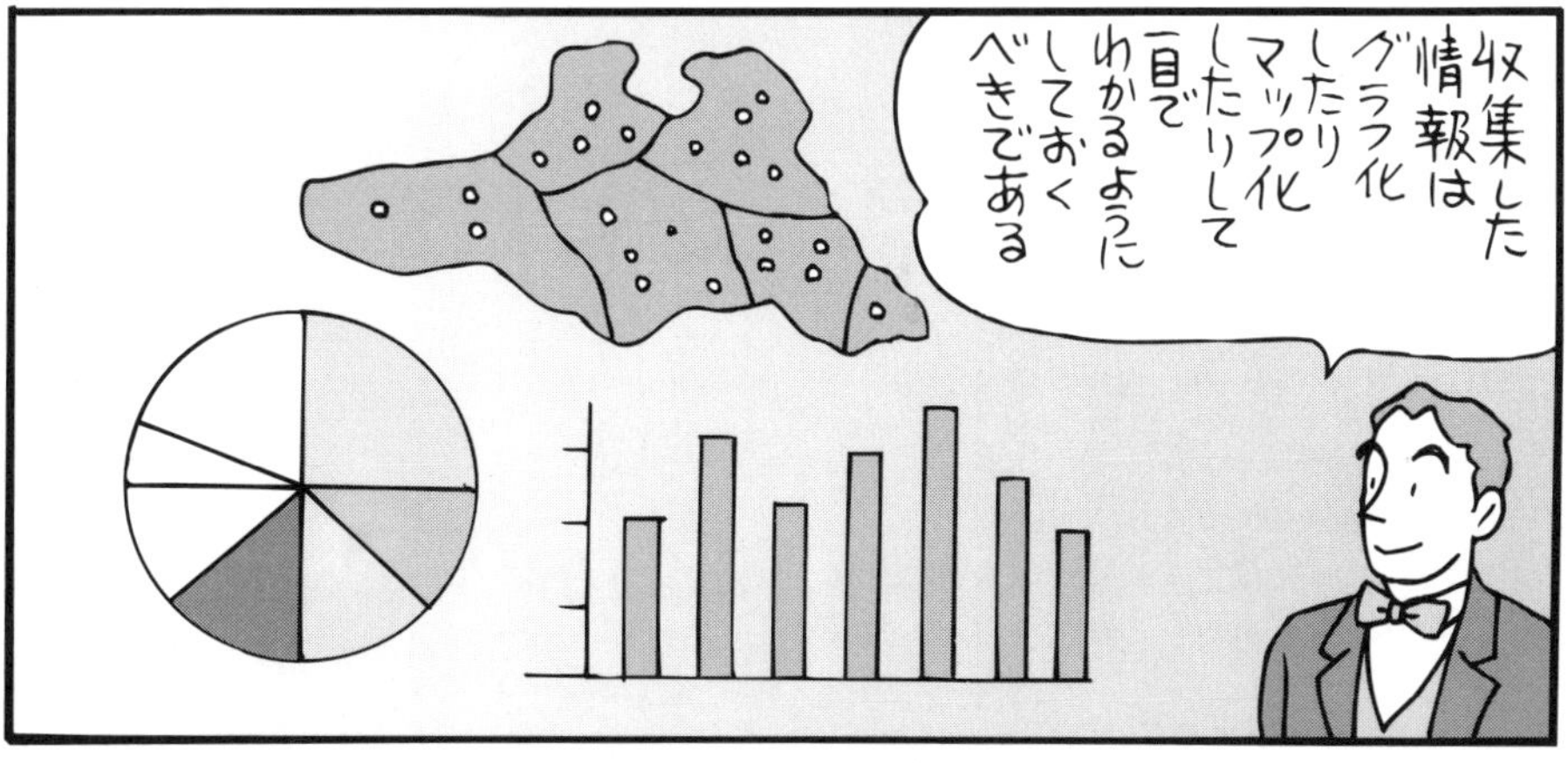
収集した情報はグラフ化したりマップ化したりして一目でわかるようにしておくべきである

69 ローラー調査の必要性

販売情報の重要性は挙げたが、なかでも全顧客数、総需要、シェアの三つの指標が重要だ。これらの実態はサンプル的な調査では、つかむことはできない。そこでローラー調査というものが必要になってくる。

ローラー調査とは、特定の地域や業種を選択し、そのエリア内における得意先やユーザーに対し、完全な調査を行なうことである。「完全な」とつけたのは、売上規模、店内シェア、競合状態、販売力などのデータを完全に把握しなければならないことを意味する。

ローラー調査を行なう条件として、次の三点を確実に実行しなければならない。

①調査は専門の調査機関に任せるのではなく、自社の営業マンが、企業名を名乗って行なわなければならない。

②一人の営業マンに任せたり、バラバラの日程で行なったりせずに、チームを編成して短期間に集中して行なう。

③全部が完全に修了するまで実施し続けなければならない。

これまでの市場調査は、販売に結びつかないものも多かったが、このローラー調査は、調査そのものが訪問活動の一つである。ローラー調査は、販売成果そのものに直結させることを目的にした情報活動なのだ。

最後にローラー調査の具体的注意点を挙げる。

①始める前にやり方について実演してみる。

②二人一組で調査をすると効率がいい。

③調査項目はポイントだけに絞る。

④200～300店を10日から2週間で終わらせる。

⑤1日15～20店、量より質のいい調査にする。

⑥なるべく午前中に調査を集中させる。

⑦相手の営業の障害にならないようにする。

ローラー調査は専門の調査機関にまかせないで自社の営業マンが行わなくてはいけない
それにはまず
チームを編集して短期間に集中して行う!
全部が完全に終了するまで実施するんだ
チーム
はじめる前にやり方について予行演習をしてみる
やる時は2人ひと組でやると効率がいい
ポイントだけにしぼる
200〜300店を10日から2週間で終らせること
1日、15〜20店量より質のいい調査にする
なるべく午前中に集中させること
9:00
12:00
AM
そして一番大切なことは相手の営業の邪魔にならないようにすること!

第7章 情報収集と管理法

70 狙い撃ちと科学的管理

ローラー調査は、「狙い撃ち」の販売が目的であり、非戦略的な営業マンがとる「犬も歩けば棒に当たる」式の営業ではないということである。ランチェスター戦略でいう、弱者がとるべき戦い方の一つである、局地戦で勝負するということだ。

これまで、営業マンの世界では、業績評価が売上実績という結果だけ行なわれてきただけに、その弊害が目立つようになってきたのである。たとえば、月の前半はサボって後半だけ働いてノルマを果たす〈後半主義〉、普段80％程度の実力しか発揮せず、セールスコンクールなどがあるときだけに１００％全力を出す〈八掛け主義〉などが出てきたのだ。

これでは業績を挙げることはできない。この結果主義の弊害をなくすためには、普段の営業マンの行動を科学的に管理し、生産性を向上させることだ。

とくに弱者の企業は、どうしても営業マン一人当たりの担当エリアが広いため、テリトリーを漠然と回っていたのでは、強者に勝つことはできない。重点地域を割り出し、そこに一点集中攻撃をかける狙い撃ちがさらに必要になってくるわけだ。

企業ではＱＣの導入が定着しているが、これを営業マンの管理にも当てはめようというのである。ゼロ成長時代において、生産性の向上が叫ばれて久しいが、営業マンの世界だけは取り残されていた。これも、業績さえよければいいという結果主義のあらわれである。

成熟社会になり不況が長引いている時代には、「狙い撃ち」の営業がますます重要になってくる。狙い撃ちには、①目標を定める②照準を合わせるという二つの科学が欠かせない。②の照準を合わせる、は言いかえれば標準化ということになる。

これを戦略と戦術という観点からとらえれば、目標の定め方は販売戦略に対応し、標準化は戦術に対応している。

おいおい こら こんなところで さぼってちゃいかんよ
し…しまった！
いいんですよ 1月の半分働けばノルマは果たせるし
セールスコンクールなんかだと全力を出すんだけど…
ふだんはかったるくて～
こういうムラのある営業のやり方を改めるためには狙い撃ちの営業をする必要がある
目的をはっきりさせ
照準を合わせる
そのためのローラー調査なのである

71 科学的管理のための6ステップ

科学的管理を進めるに当たっては、アメリカの統計学者・W・E・デミング博士が提唱した「PDCA」が参考になる。品質管理（QC）の手順として編み出されたもので、P＝プラン（計画）、D＝ドゥ（行動）、チェック、A＝アクション（行動）のサイクルである。一般にデミングサイクルと呼ばれているものだ。

計画を立てて仕事をさせ、計画が標準どおりに進んでいるかをチェックし、修正を加え、それを再計画へ戻していく。このサイクルが円滑に進行していなければならないのである。

これを、ビジネス現場に即して述べると、①目標（計画）を立てる→②目標達成に必要な作業を標準化する→③標準化した通りに行動させる→④その通り行動しているかチェックする→⑤標準化した通り行動していなければ修正を加える→⑥修正措置が適正であるかどうかチェックし①目標（計画）を再び立てる、という6段階から成り立つ。

この6段階で、最も重要なのは、④の標準化した通りに行動しているかのチェックになる。ここが科学的管理の基準にならなければならないからである。

この科学的管理がなされていないと、管理者は次の二つのミスを犯してしまう。第一が、標準化した通り行動していない営業マンでも、業績がよかったというだけで、よく働いたと評価してしまうこと。第二に、悪い結果が出たというだけで、怠けていたと評価してしまうということだ。

こうしたミスは、営業マンの士気を低下させ、定着率の悪さにもつながってくる。それより、科学的な管理が行なわれていないと、外因にしろ内因にしろ、業績が低下したときに、その原因がつかめず、そのまま放置されてしまいかねないということである。

攻撃的な営業マンを育て、高い士気を常に維持していくには、科学的管理が必要である。

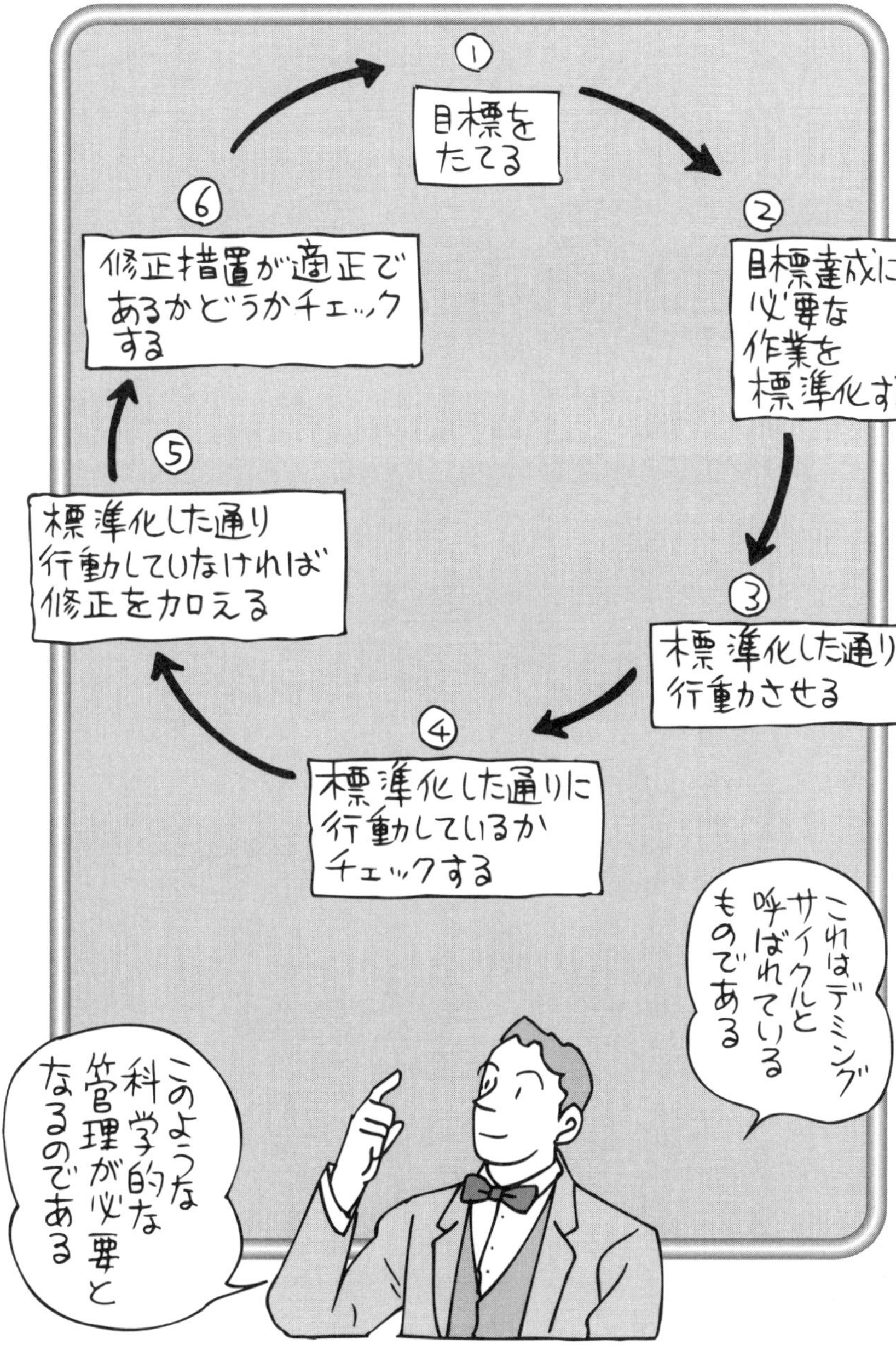
①
目標をたてる
②
目標達成に必要な作業を標準化する
③
標準化した通り行動させる
④
標準化した通りに行動しているかチェックする
⑤
標準化した通り行動していなければ修正を加える
⑥
修正措置が適正であるかどうかチェックする
これはデミングサイクルと呼ばれているものである
このような科学的な管理が必要となるのである

72 営業マンの攻撃量

営業マンの科学的管理は、ランチェスター法則の営業戦術面へとつながっていく。そして販売実績につながる営業マンの行動とは何かを考えてみよう。

営業マンの主な行動は、いうまでもなく得意先を訪問し、面談することである。商談は、時間であらわせば得意先における滞在時間ということになる。販売実績を伸ばすには、得意先における総滞在時間を増やすようにすればいいことになる。得意先における総滞在時間は、次の式であらわされる。

得意先における1日の総滞在時間＝得意先当たりの平均滞在時間×1日平均訪問件数

これはランチェスター第一法則、戦闘力＝E（武器効率）×兵力数　という式の応用である。E（武器効率）は、営業マンでいえば、その質ということになる。兵力数は、量のことであり、営業マンの行動量（訪問件数）ということになる。そこで、次の式があらわされる。

営業マンの攻撃量＝営業マンの質×訪問件数

この営業マンの質とは、営業マンの専門知識やセールストークのうまさなどのことだか、結局のところ、これらは得意先とのコミュニケーションの量にあらわされる。専門知識やセールストークがなければ、得意先での滞在時間も減少するからである。そこで営業マンの攻撃量は次の式に置きかえられる。

営業マンの攻撃量＝得意先当たりの平均滞在時間×1日平均訪問回数

これはランチェスター第一法則の応用式である。一方、支店とか営業所といった単位での総攻撃量は、

全体の攻撃量＝得意先当たりの平均滞在時間×（1日の平均訪問回数）二乗

という第二法則の応用式で説明される。

したがって、営業マンの攻撃量は、訪問件数や滞在時間、1日当たりの平均滞在時間によって決まり、受注効率や生産性もそこに規定されるのである。

ランチェスターの法則にあてはめると営業マンの場合武器は訪問先における時間の長さである
武器
時間の長さ
そして兵力は訪問件数にあたる
兵力
訪問件数
そして滞在時間の長さはセールストークが上手、専門知識が豊富などで左右される
これが武器の性能にあてはまる
ふつう
上手

第8章　時間管理

73 時間管理の進め方

販売実績を上げるには、営業マンの攻撃量としての得意先における滞在時間を多くすることである。そのためには時間管理を実施しなければならない。実績につながらないムダな時間をできるだけ少なくし、実績に直接つながる攻撃量を多く増やすことが問題になってくる。そこで、マネジャーは、営業マンの攻撃性の測定と管理をする必要が出てくる。

実際に時間管理をするには、まず現状把握をする。営業マンが1日をどのように過ごしているか、毎日の行動を業務記録表等で調べるのだ。このデータがなくては、改善のしようがない。

調査は3ヶ月かけなければ、完全な分析はできないが、1ヶ月あれば最低限のことはできる。月を上旬、中旬、下旬に分け、時間の使い方にどんな特徴があるか調べるのだ。

さらに曜日別の訪問回数や行動特性も分析する。月を三つ分けて分析する方法を「旬別分析」、曜日別に行動特性を分析する方法を「曜日別分析」という。

旬別分析は、営業の締め日を中心に10日ずつの行動特性を比較する。それぞれの訪問回数を比較するのだ。一般に営業マンは締め直後の行動が緩慢になりやすいが、実際は、この締め直後の行動が販売実績に多大な影響を与えるのである。ライバルも同じようにホッと一息ついているときがチャンスなのだ。

曜日別分析では、タイプによっていくつかの行動パターンがある。最近多いのが週初は動きが鈍く、後半になって行動量が多くなるタイプ。これと対照的なのが、週初は動きがいいが、後半になってスタミナ切れで訪問回数が減るタイプ。休日ゴロ寝タイプに多い。

理想的なのが平均的に動けることであるが、やはりスタート時の月曜、火曜は意識して訪問回数を増やしたほうが、業績は上がる。

君は週初めが動きが遅いタイプだね
ダッシュ！
ノロノロ
月
火
水
木
金

君は後半がだれるタイプか
ダッシュ
ノロノロ
月
火
水
木
金

理想的なのは平均的に動けることだけどね

74 得意先滞在時間比率を高める

一日のなかで、得意先に滞在する時間の割合を「得意先滞在時間比率」という。成績のいい営業マンほど、この滞在時間比率が高いというデータがある。つまり、この滞在時間比率を高めることが、時間管理上の最大の問題点だ。

現在の日本の営業マンの一日平均労働時間は11時間近く。これ以上、労働時間を増やすことは難しい水準だ。限られた時間で、得意先に滞在する時間の比率を高めることが重要な理由も個々にある。

アメリカの営業マンは、滞在時間比率50%を目標にしている。これを「50%コンタクト」という。これに対し、わが国では、40%目標というケースが多い。生産財の営業ともなると、滞在時間比率は30%にすら満たないケースがほとんど。営業活動に科学的管理をとり入れなければ、こういう結果になるのは明らかだ。

滞在時間を増やすには二つの方法がある。一つは、一回当たりの訪問における滞在時間を多くする方法と、もう一つが、訪問回数を多くすることで、トータルの滞在時間を多くしようというものである。

この二つの方法は二律背反の関係にある。一件当たりの滞在時間を長くすれば訪問回数は少なくなるし、訪問回数を増やせば、一件当たりの滞在時間は短縮せざるをえない。

どちらを重視するかということになるが、結論からいえば、訪問回数を多くすることである。「よく来る」というのは親密感を増し、熱心さも伝わるが、「長く居る」というのは、迷惑であるケースも多々あるからだ。

優秀な営業マンは、おおむね平均滞在時間が短いが、決していつも短いわけではない。短時間で切り上げる訪問と長く滞在する訪問を使い分けているのだ。通常の訪問は短時間ですませ、「ここ一番」というときに粘るという訪問の仕方をしているのだ。

セールスマンの得意先の滞在時間が長ければより良いと思われているが…
ペラ
ペラ
早く帰ってくれないかな〜
忙しいのに…
…ということもありえる
ではどうするか
訪問回数を増やし結果的に滞在時間を伸ばすというのが望ましい
1週間
訪問
訪問
訪問
訪問
訪問
訪問
そして重要な訪問の時は長めに
通常の場合は短かめにするといい

75 社内業務時間比率の問題

得意先滞在時間比率を増やし、攻撃量を増やすことが業績向上につながる。行動時間を分析すると、二つの問題点があることが分かる。第一のポイントが、社内業務時間が多すぎるということ。第二に交通移動時間の問題だ。

まず、第一のポイントから述べよう。営業活動の多くは、社外での行動である。一日の労働時間で、社内にいる時間の割合を、「社内業務時間比率」という。社外での営業活動を増やすには、この社内業務時間比率を減らすことだ。目標数値は、20％以内である。

社内業務時間比率を減らすコツに、午前の時間の使いかたがある。営業活動は、午前中の時間の使い方で、成果が違ってくるものだ。営業マンが得意先を5件ないし6件訪問しているとする。その内訳は午前中が1、2件、午後が4件が一般的だ。

この午前中の訪問時間を増やすのである。そのために、まず気をつけることは、スタート時間を前倒しにすることである。調査データによると、営業マンの平均スタート時間は10時10分となっている。これでは遅すぎる。

9時10分にはスタートしたい。外出準備を10分で終わらせるようにする。一人の例外も認めてはならない。

スタートの時間が遅くなる原因は、

①朝礼や会議が長すぎる

②前日、書かなければならない日報や業務日誌を朝、書いている。

③遠距離通勤で疲れて身体がすぐに動かない。

などが挙げられる。

マネジャーもこれらの点をできるだけ改善するように配慮しなければならない。午前中と午後の訪問件数が同数になるようにもっていくのだ。得意先滞在時間を増やし、営業成績を挙げるコツである。

午前中を有効に使うことが大切だけど…
おいおいどうしたんだね
よろっ
通勤時間が長くて…
会社についた時は疲れきってるんですよ
おまけに朝礼が長くて…
やっと終ったと思ったら
くどくど
きのうなまけていたんで報告書を今大あわてで書いてます
しょうがないな
どんどん時間が経ってしまうじゃないか
とにかく改善できるものは改善して
午前中の時間をしっかり使えるようにすることだね
は～いわかりました

76 社内雑務の減らし方

社内業務時間比率を高めている原因のひとつに会議の長さが挙げられる。社内業務時間比率が20%以下に抑えられないいちばんの原因にムダな会議がある。ここでいうムダな会議とは、広告の企画会議などではなく、営業マンの業務報告といった類のものだ。この手の会議を、1時間も2時間もかけてやるべきではないということである。

はっきりした戦略がない会社ほど、こういった会議が長いとみていい。会社の方向性に一貫したものがなく、マネジャーにも情報がないものだから、やたら部下に報告をさせたがるのだ。もっとも始末が悪いのが月曜・午前中の会議。営業にとって大事な時間帯を会議でつぶしているようなら、即刻止めるべきだ。

効率的に会議を進行させるためのチェック表を作成しておくことも重要だ。チェック表には、「目的(何をどうしたいか)」「他社例」「現状・問題点」といった項目を作成しておいて、事前に記入しておく。ダラダラした会議もスムーズに進行する。

社内業務時間を増やしている要因として、書類作成に時間を費やされるケースも多い。営業日誌や社内資料などの書類はできるだけ簡素化し、合理化させるべきである。

「どうぞ、こちらにお越し下さい」といった体質を来客型接待体質というが、これは改善するべきである。営業活動に必要な積極的外商体質を阻害するだけでなく、社内業務時間を多くする要因になっているのだ。相手が遅れたら、その分ロスになることもある。営業は、相手にきてもらうのではなく、こちらから出向くのが基本である。

電話でなんでもすませようとする受動型体質も改善しなければならない。こういう癖のある営業マンは、相手から電話をもらうように習慣づけてしまっているのだ。営業は自ら能動的に動くべきである。

ムダな会議は止めること
書類作成はできるだけ簡素に
相手を待つより積極的に出かけて行くべきである

77 交通移動時間の問題点

得意先滞在時間を増やす第二のポイントが交通移動時間の問題だ。調査によると、わが国の営業マンの平均交通移動時間は、総労働時間の30％となっている。これはすでに限界の水準にきている。滞在時間比率をアメリカの50％を目標とすると、社内時間比率を20％として、交通移動時間の30％を加えると、それだけで労働時間は１００％になってしまう。しかも、これには、食事時間も含まれていないのだ。

わが国で50％の滞在時間比率の達成が難しいといわれるのは、このあたりにあるのだが、交通移動時間は、30％以下におさえなければならない。

交通移動時間が増える最大の理由は、担当するテリトリーが広すぎるという点にある。交通移動時間は、訪問件数を多くすることによって増加し、新規開拓することによって、さらに増加する。その中で交通移動時間を減らさなければならないのである。

したがって、テリトリーの広さに合わせて拠点をどう配置するのかという点と、営業マン一人当たりにどれだけの得意先を担当させるのかという点の、二つの課題が浮かび上がってくる。

テリトリーサイズを縮小すれば、交通移動時間は自然と短縮する。

たとえば北関東を例に挙げてみよう。この地域はたて横１４０キロにも及ぶ広大な地域であるが、この地区を二人でカバーしているような企業がままある。ここをまともに営業活動していたのでは、一日の労働時間の60％は確実に交通移動時間にとられてしまう。ある工事店は、北関東の水戸市、高崎市、宇都宮市、小山市に営業所を構え、それぞれ20キロ以内をテリトリーと決め、それ以外の地域からの受注にはいっさい応じないという方針を立てている。

大幅なエネルギーコストの削減につながっただけでなく、各営業所管轄内の占拠率と利益の増大につながったのである。

移動に時間がとられてしまうよ
ひいひい

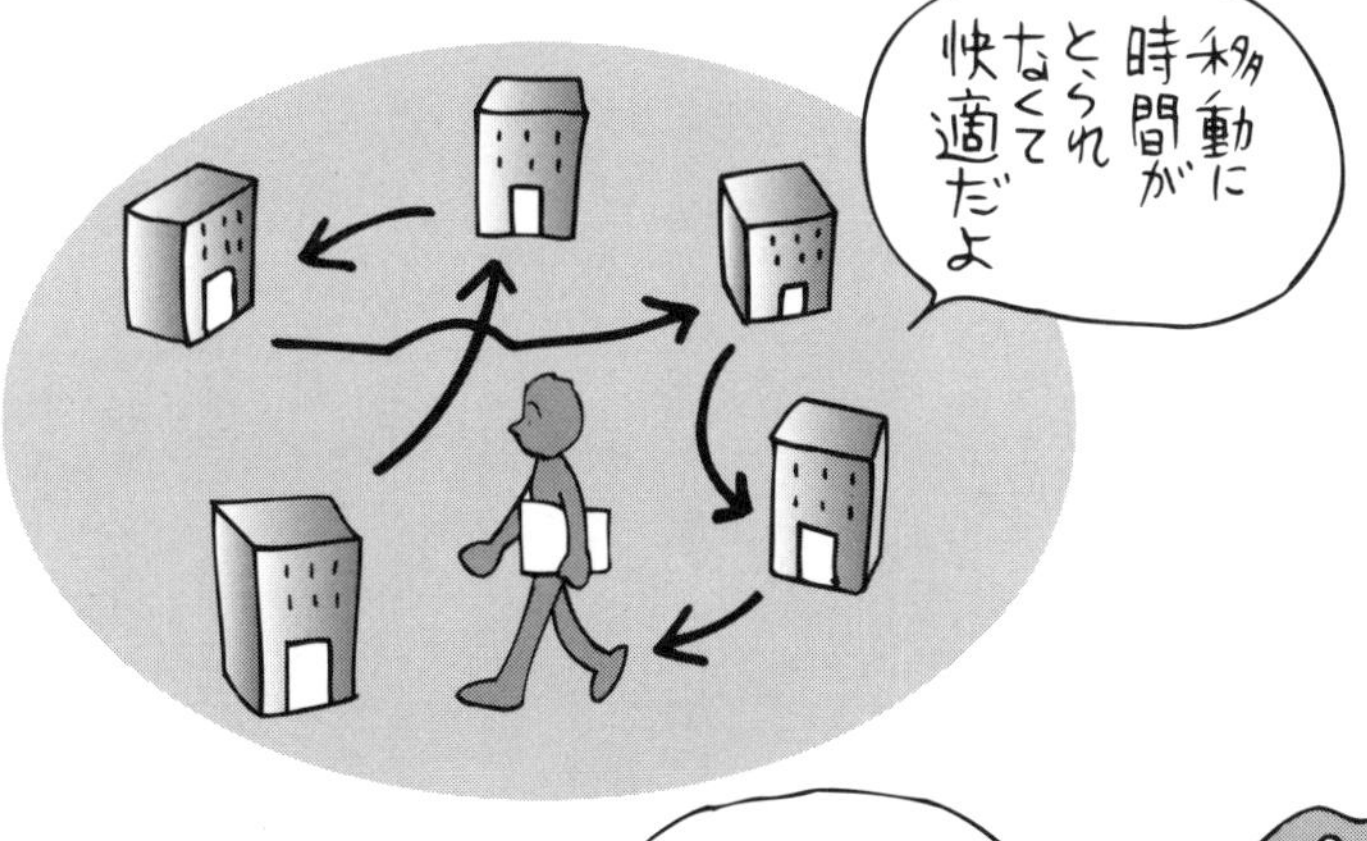
移動に時間がとられなくて快適だよ

テリトリーを縮小した方が能率がいいのである

78 交通移動時間の短縮法

交通移動時間が、総労働時間に占める割合が大きくなるのは、テリトリーの広大さなど、いちがいに営業マンの責任とはいえない。それでも、営業マンの心がけによって、改善はできるのだ。注意したい自己管理上のポイントは三つに要約できる。

第一のポイントは、営業マンは、道をよく知っていなければならないということ。知らず知らずのうちに遠回りしていることも多く、また、道路工事や道路の混雑の状況も把握しておくべきだ。当然、そういったときのための、抜け道も調べておく必要がある。

プロの自覚があれば、「訪問件数が多ければ、移動時間が増えても当たり前」などと諦めず、地図などで研究し、少しでも攻撃量を増やすようにしなければならない。

第二のポイントとして、訪問ルートや訪問順序を研究しておくということ。行き当たりばったりで動いていては、いたずらに移動距離を長くするだけだ。左ページ①は、ホームシック型といい、普通なら、会社→A→B→C→D→会社と回るところを、会社→A→会社→B→会社→C→会社→D→会社、と得意先を一つ訪問するごとに会社に帰ってくるタイプだ。新人の営業マンにときおり見られるタイプだが、交通移動時間が倍かかってしまう。

図の②は、「無計画型」といい、訪問計画を立てずに、思いつきで動いているタイプ。効率的でなく、やはり移動距離を長くしている。

第三のポイントとして、手身近なところから回ろうとする悪癖を直すことである。行きやすい得意先から回ろうとするのは、訪問先に未消化を生みやすい。遠隔地などは、結局行けなくなったということがでて、しかもそれだけでなく、滞在時間にもムラを生じることになる。

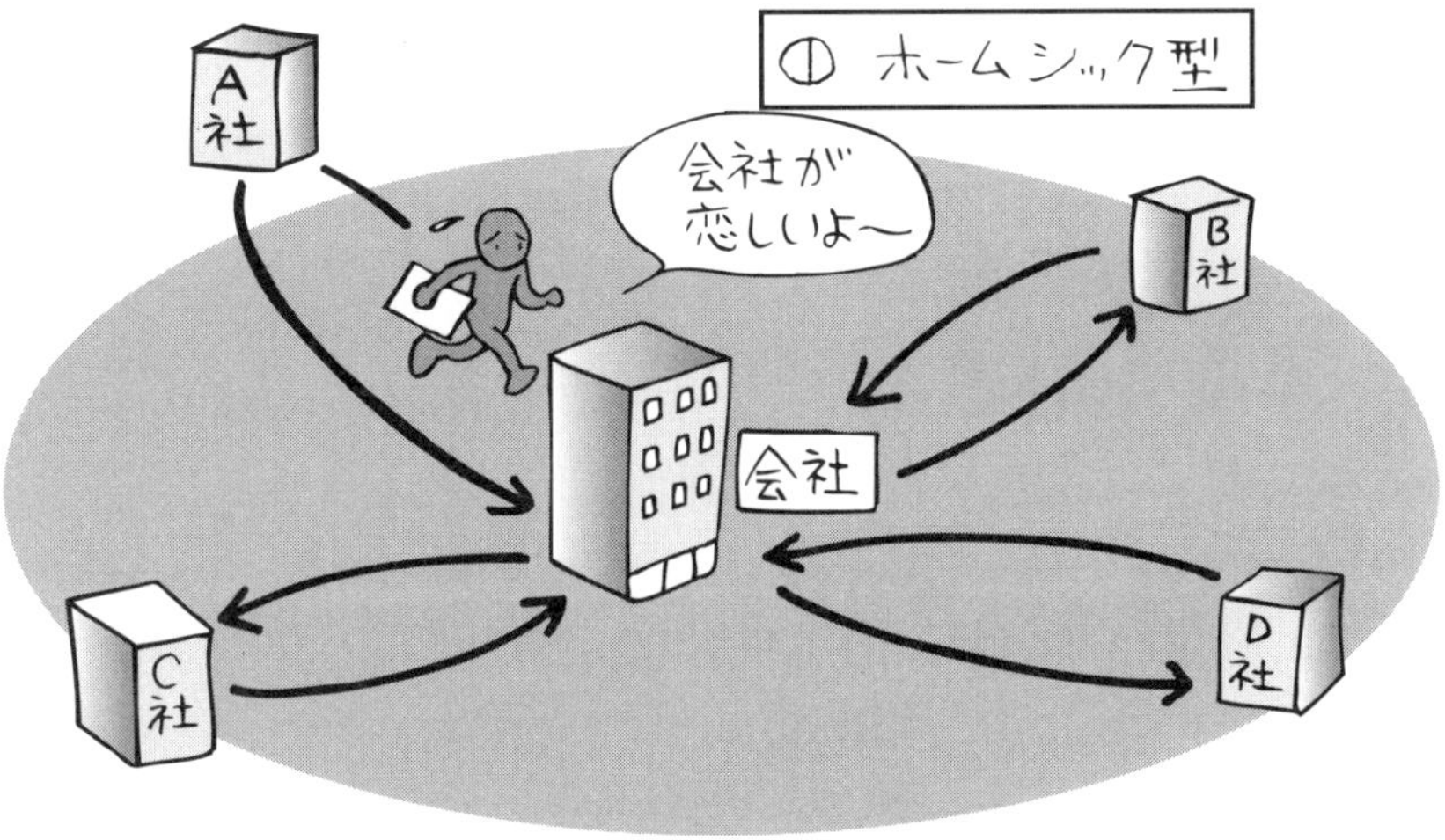
① ホームシック型
A社
会社が恋しいよ〜
B社
会社
C社
D社

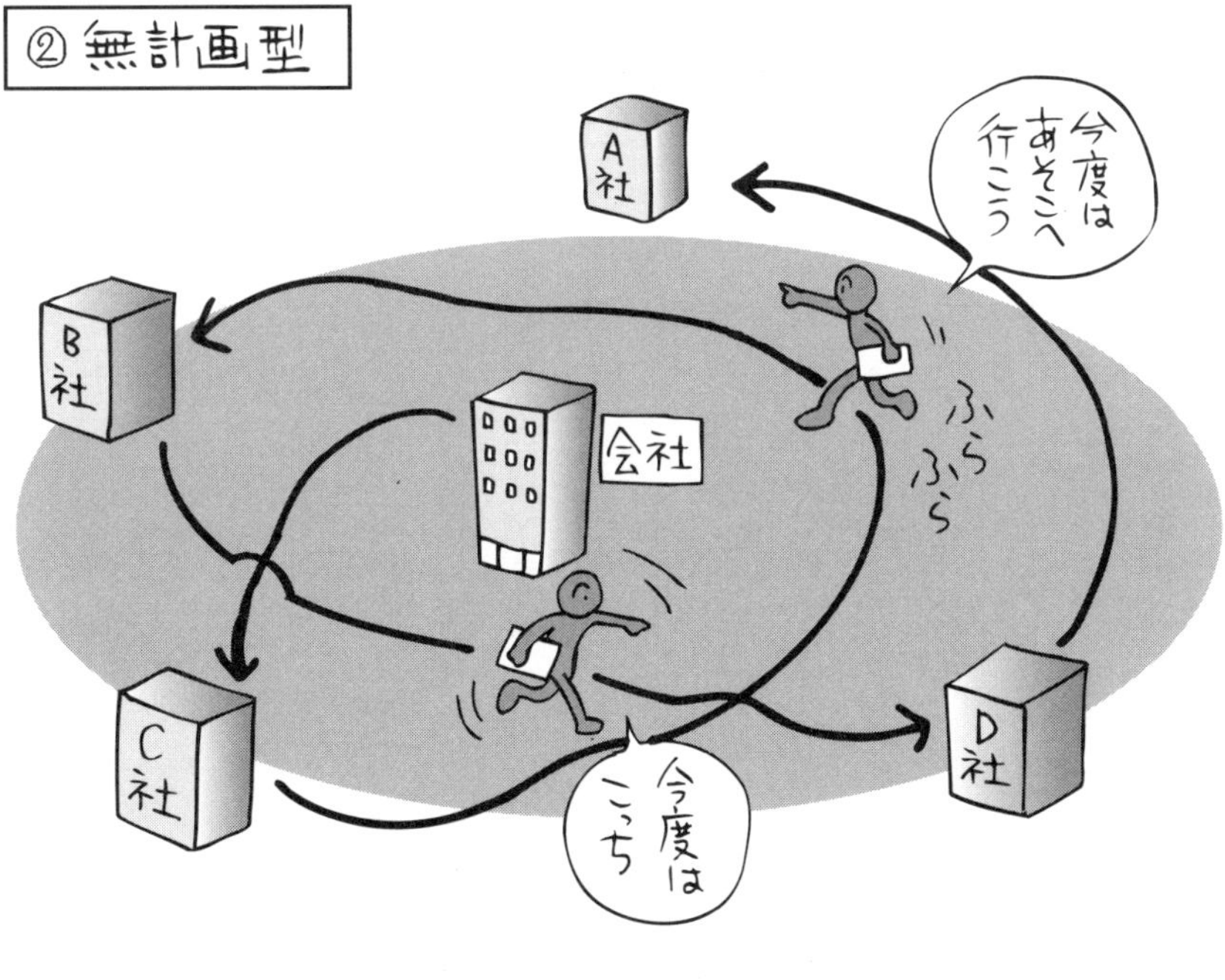
② 無計画型
A社
今度はあそこへ行こう
B社
会社
ふらふら
C社
今度はこっち
D社

79 訪問計画の立て方

訪問先を増やし、得意先滞在時間比率を高めるには、訪問計画が必要になる。訪問計画の必要性には三つの理由がある。

第一に、訪問計画がないと行動にムダができて、効率が上がらない。訪問しなければならない得意先の所在地から、訪問順序、訪問ルートなどをあらかじめ訪問計画を立てておくのである。営業マンの交通移動時間は、一日の労働時間のおよそ30%にも達していて、この移動時間を少しでも短くしなければならない。ガソリン代など交通費も累積すれば大きな金額になるという理由もある。

第二に、ロストユーザーの発生を最小限に抑えられる。訪問頻度、滞在時間を標準化することによって、未訪問をなくすことができるからである。それには、まず重要な得意先からそうでない得意先まで優先順位をつけなければならない。そして得意先別に一ヶ月の訪問回数や一回当たりの滞在時間を変えていくのだ。

もちろん優先順位が高いところほど、訪問回数は増え、滞在時間も長くなる。「A社は重要な得意先だから一ヶ月に二回訪問して、一回当たり一時間滞在し、B社はそれほどでないから、一ヶ月に一回、20分の滞在」というように標準化しておくのである。

第三に、「これだけ訪問すればいい」という目的を作ることによって、営業マンの士気を高めることにもなる。「少しでも多く」というのでは、営業マンもやる気がおこらない。目標に具体性がないと、どこまでやればいいか分からず、そのためにも、営業マンの行動記録などから、一日平均の訪問件数、新規開拓の訪問件数を標準化しておくことは重要なのである。

訪問計画は当日立てるものではない。少なくとも、前日までには仕上げておく。計画を軽視することだけは避けなければならない。

少しでも多くのお得意様を回ってくるんだ
そんなこと言われてもな〜 やみくもに行ってもいいってことはないと思うけど…
その通り
ちゃんとした訪問計画をたててないと無駄が多くでるんだ
×
○
お得意様がこういうふうに散らばっているとすると
最も時間と交通費のロスの少ないルートをとるべきだ
また時間がなくて回れなくなるロストユーザーの発生を最小限におさえるために訪問頻度と滞在時間の標準化が必要になるんだ
なるほど
はっきり目標がわかればやる気も出てくるよ
そうだったのか

第8章 時間管理

80 作業の標準化

次の三つの式について考えてみよう。
Ａクラスの数×訪問回数×滞在時間
Ｂクラスの数×訪問回数×滞在時間
Ｃクラスの数×訪問回数×滞在時間
この三つの式を合計すると、次の式となる。
営業マンの数×一日平均訪問回数×稼動日数
これらの方程式を関係を理解できないと、作業の標準化は不可能だ。営業マンの数と稼動日数を増やすことなく、現在のままで作業で続けるとしたら、販売実績を上げる方法としては、一日訪問回数を増やすことだけになる。

つまり、販売実績を上げるには、ABC各クラスの分類とその組み合わせ、および平均訪問回数をいかに増やすかということになる。さらに、稼働日数も重要になってくる。

営業マンを管理する立場のマネジャーとしては、この標準化に対する理解と取り組みがない限り、きちんとした計画を立てられるものではない。また、何を基準に管理するかもはっきりしないので、部下の行動に対し、指導しようがないというものである。標準化は、科学的管理に欠かせない絶対条件なのである。

訪問回数や滞在時間の割り付けが、科学的な管理のもとに行なわれていなければ、ただの精神論でしか管理できず、営業マンのモラールにも影響してくる。目標を達成できるという保障は何もない。

一ヶ月間の稼働日数の管理にしても、作業の標準化がなければ不可能である。営業マンの休暇申請が無条件で通ってしまう結果になる。稼動日数の管理がなされていない証拠である。

営業マン一人ひとりに対する稼動日数の管理がなければ、訪問計画は立てられない。次に具体的に訪問回数と滞在時間の計算に仕方について説明していこう。

う〜ん セールスマンの 評価基準を どこに もうければ いいか わからないよ
作業の 標準化が 必要だね

Aクラスの数×訪問回数×滞在時間
Bクラスの数×訪問回数×滞在時間
Cクラスの数×訪問回数×滞在時間
営業マンの数×1日平均訪問回数 ×稼動日数
上の3個の式を合計すると下の式となる
販売実績を上げるには ABC各クラスの分類とその組み合わせ及び平均訪問回数稼動日数をいかに増やすかということになる

このように標準化しないかぎりきちんとした計画はたてられないよ
その通りですよ

81 訪問回数の計算

営業マンの訪問計画の立て方を、具体的な数値を当てはめて考えてみよう。モデルとなる営業マンの現在置かれている状況は次の通り。

・1日平均訪問件数……9件
・月間稼動日数……6日（他地域も担当している）
・1日平均労働時間……9時間
・得意先滞在時間比率……45%
・得意先数……Aクラス5店　Bクラス4店
　　　　Cクラス8店　新規開拓候補　10店
　　（新規開拓候補店は月二回訪問したい）

【問題1】X商会（Aクラス）Y商事（Bクラス）Z商社（Cクラス）それぞれ月何回訪問したらいいか？

この営業マンは、現状から一ヶ月に54件（9件×6日）回れるということが分かる。得意先件数が合計26件であるから、それぞれ月平均二回は訪問できる計算になる。そこで、中間の重要度に位置するBクラスを月二回訪問するということにする。新規開拓候補店も月二回訪問するという条件であるから、全体の割り振りは、

Aクラス　5店×□=□
Bクラス　4店×2=8
Cクラス　8店×□=□
新規　10店×2=20

ということになり、以上の合計が54件になればいいのである。

Bクラスと新規開拓候補店の合計で28件ということは、残り28件（54件―26件）だから、これをAとCに割り当てればいい。Cクラスを最低1件（8店×1=8）とすると、Aクラスに割り当てられるのは残り20件（28件―8件）ということになる。20をAクラス5店でわると、4。つまり、月4件がAクラス一店当たりの月間訪問回数となる。問題1の解答は、X商会四回、Y商事二回、Z商社一回である。

1日に9件 1カ月で54件お得意様を訪問することができるんですけど
重要なお得意様とそれほどでもないお得意様をどれくらいの頻度で訪問すればよいでしょう?
得意先件数が27件であるから月2回は訪問できるということになる
Aクラス店
Bクラス店
Cクラス店
新規開拓候補店
この中からまず中間の重要度のBクラス店の訪問回数を月2回とする
そして新規開拓候補店も月2回の訪問とすると…
Aクラス 5店×□=□
Bクラス 4店×2=8
Cクラス 8店×□=□
新規 10店×2=20
この合計が54件になればいいんだ
つまりAクラスは月4回 Cクラスは月1回になる
なるほど

82 滞在時間の計算

前項では訪問回数の計算だったが、滞在時間の計算も試みてみよう。

【問題2】Ｘ商会、Ｙ商事、Ｚ商社、それぞれの得意先には、一回当たりの滞在時間は何分ぐらいにすればいいか。

この営業マンの条件及び訪問先の条件は前項と同じとする。そうすると営業マンの得意先における総滞在時間は、次の式で割り出される。

総滞在時間＝９時間×６日×45％＝１４５８分

この総滞在時間を一ヶ月の訪問件数（54件）で割れば、一件当たりの平均滞在時間は、27分が割り出される。（１４５８分÷54＝27分）

そこで、中間の重要度にあるＢクラス、そして新規開拓候補店に割り当てる時間を25分と設定する。さらに、常識的な滞在時間の最低限を10分とし、Ｃクラスには10分滞在することにする。そうなると、全体の滞在時間の割り当ては、次のようになってくる。

Ａクラス　５店×４＝20　□分×20＝□分
Ｂクラス　４店×２＝８　25分×８＝２００分
Ｃクラス　８店×１＝８　10分×８＝80分
新規　10店×２＝20　25分×20＝５００分

となり、この合計を１４５８分にすればいいのである。Ｂクラス、Ｃクラス、新規開拓候補店の滞在時間の総合計は、７８０分（２００＋80＋５００）。これを総滞在時間から引いた残りが、Ａクラスへの割り当て時間となるのである。Ａクラスに割り当てられる滞在時間は、６７８分（１４５８－７８０）。この６７８分をＡクラスの述べ平均件数20で割ると33・９分となる。現実に実行するには、30分くらいが妥当であろう。

以上の計算から、【問題２】の答えは、Ｘ商会30分、Ｙ商事20分、Ｚ商会10分となる。ただし、割り付けの問題であるから絶対的な正解ではなく、このような考え方のもとに計算するべきというものである。

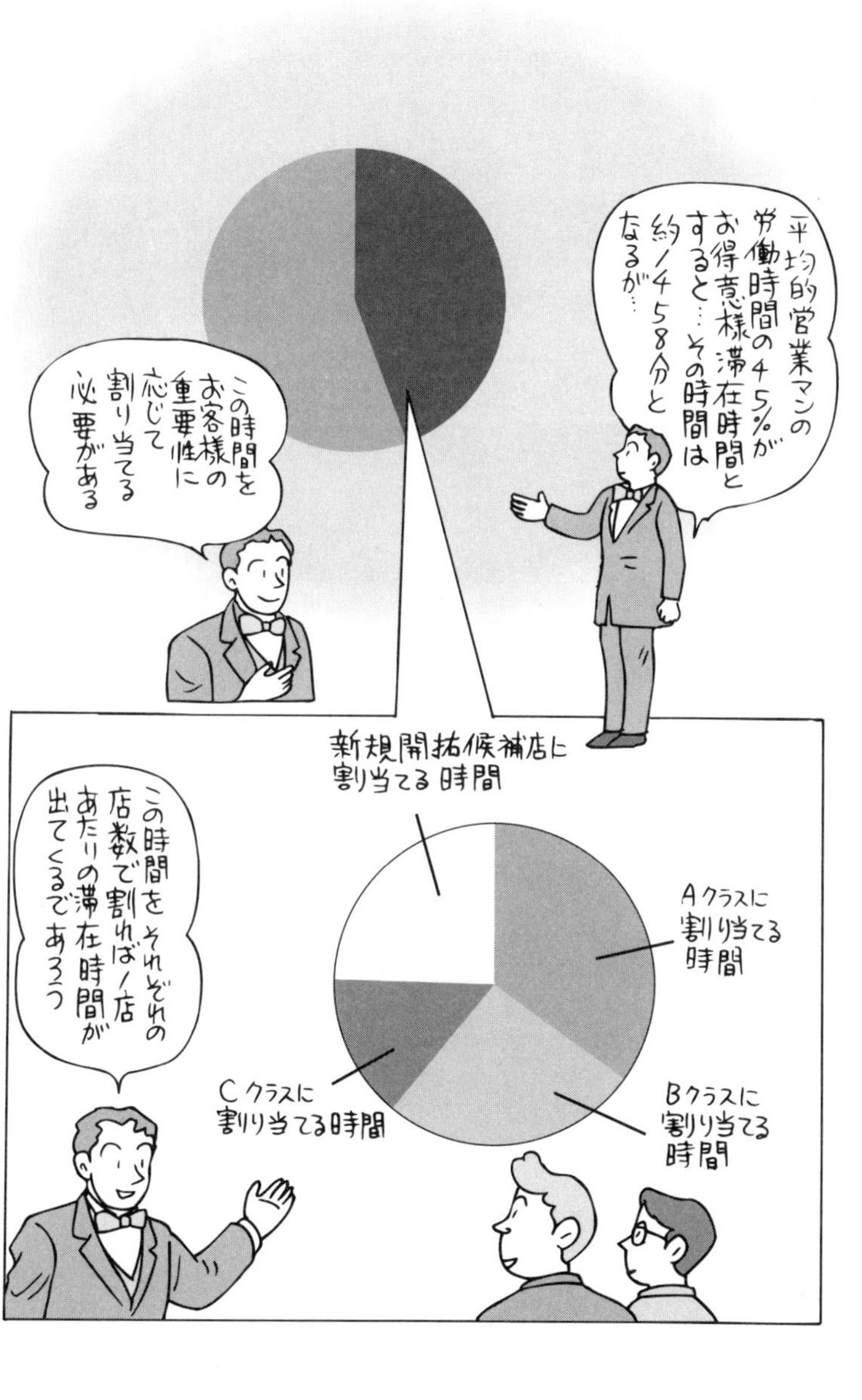
平均的営業マンの労働時間の45%がお得意様滞在時間とすると…その時間は約1458分となるが…
この時間をお客様の重要性に応じて割り当てる必要がある
新規開拓候補店に割り当てる時間
Aクラスに割り当てる時間
Bクラスに割り当てる時間
Cクラスに割り当てる時間
この時間をそれぞれの店数で割れば1店あたりの滞在時間が出てくるであろう

83 得意先のランク分け

訪問順位など、得意先の優先順位を決めるには一定のルールがある。その格付けの元になるのは、5章で紹介したＡＢＣ分析である。どんな企業でも、すべての得意先に対して同等に訪問することは不可能だ。そこで、大切な得意先とそうでない得意先に分けて訪問のやり方に差をつけるべきだ。

ＡＢＣ分析に分けられたグループも、得意先全体の売上ランクと、自社との取引分でみたのと、二通りのＡＢＣがある。この両者が一致するとは限らず、同一であるほうが珍しいというのが現状だ。そしてどちらか一方が重要ということもない。たとえば、得意先の売上だけでランクを決めてしまったら、ライバル会社も同じような格付けを行ない、差別化ができなくなるといったケースもでてくる。

そこで、得意先の売上ランクと、自社との取引分だけの、ＡＢＣを併用する。かりに、得意先の全体売上高を通してみたランクを大文字のＡＢＣ、自社製品だけで見た得意先のランクを小文字のａｂｃと表現して、これをマトリックス表にしてみる。3×3で九つのパターンに分けられる。（左の図参照）

Ａａ型は、取引先全体の売上がＡクラスで、なおかつ自社製品の売上ａクラスというという意味である。Ｂａクラスは取引先全体の売上はＢクラスだが、自社製品の売上はａクラス。九つに分けたのでは、多すぎるというのであれば、さらに3グループに分けてみる。すなわち「Ａａ、Ａｂ、Ｂａ」をＡグループ、「Ａｃ、Ｂｂ、Ｃａ」をＢグループ、「Ｂｃ、Ｃｂ、Ｃｃ」をｃグループにするのだ。

得意先を訪問する場合もＡグループを優先させてまわるようにする。したがって、Ａクラスを午前中に回って時間も割くというのが原則である。情報量もＡ→Ｂ→Ｃの順に多く持っているものだ。その意味でも、Ａクラスの得意先を優先させるというのは理にかなっているのである。

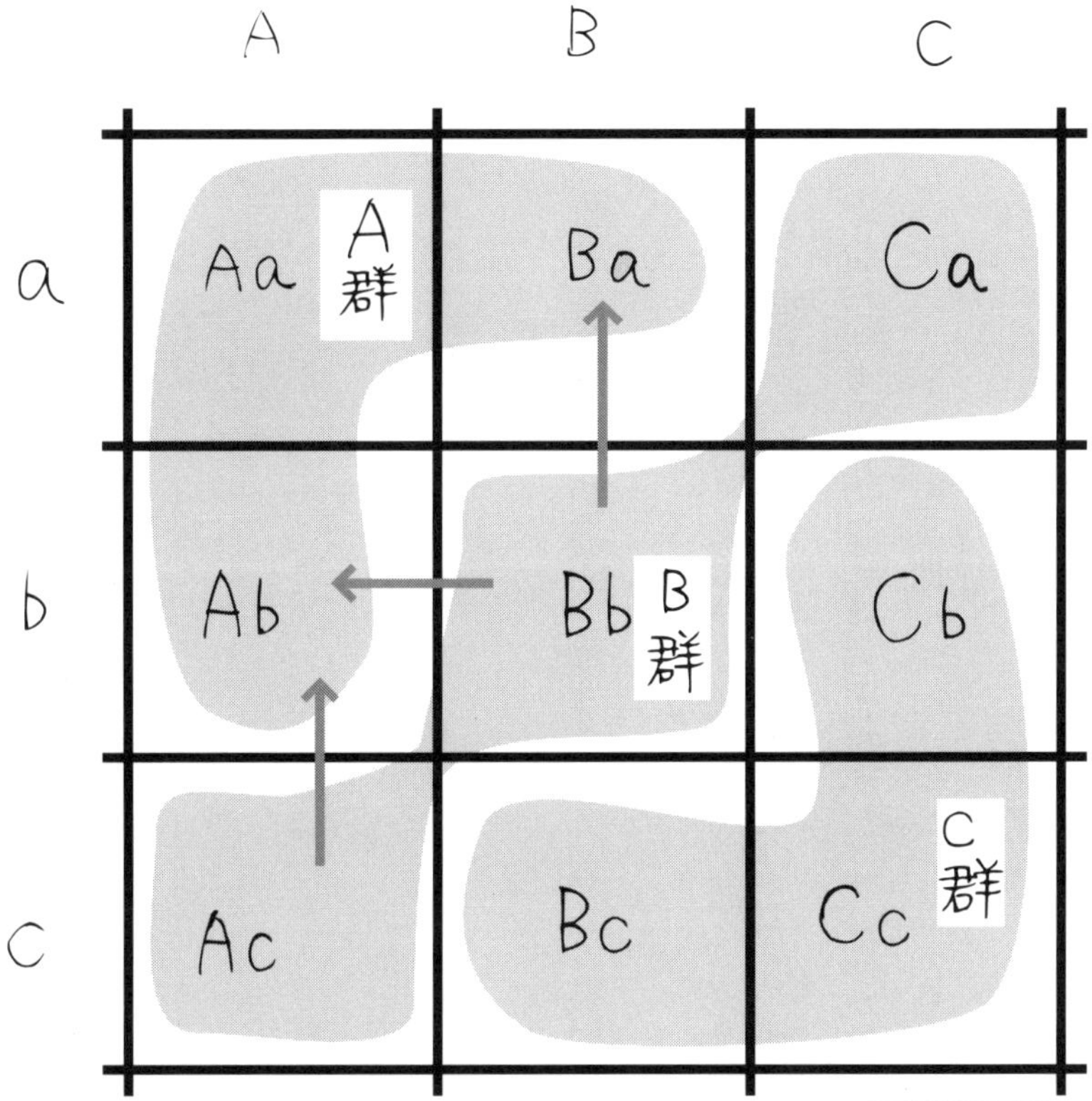

⊙ 戦略的格付

ABC… 売上高ランク
abc… 自社製品の取引分
売上高ランク

- A群　重要顧客ランク
- B群　主要貢献ランク
- C群　マイナス貢献ランク

84 得意先訪問の順序はどうするか

得意先訪問の回数も，順序や滞在時間と同じように得意先の格付けABCによって差をつけなければばらない。Aクラスは月四回なら、Bは二回、Cは一回というようにである。

訪問回数に差をつける第一の理由は、ハッピーコールの問題がある。ハッピーコールとは、はっきりとした目的がない挨拶型の訪問であるが、詳しくは後述するとして、五種類ある訪問のうち、最も受注実績と高い相関関係を持つものだ。

逆に集金などはっきりした目的を持つ訪問は、Cクラスになるとウエイトを高くしなければならない。はっきりとした目的があるものは、時間を削除するわけにいかないから、限られた時間で、ハッピーコールをかけるのは、Aクラスということになる。

第二の理由は、同行販売や同行訪問の重要性に関わってくる。新製品を出すとき、高価格の製品を売りたいとき、システムが複雑で説明を要する商品を売りたいときなどには、営業マンは上司と同行するケースが多くなる。

こういった同行販売や同行訪問は、たいていAクラスの得意先が相手である。

訪問計画は、ABCの格付けを行なった上で、それぞれの営業マンの能力に合わせて割り出さなければならないが、その行動計画の具体的な説明の前に、ロスト顧客について説明しよう。

営業マンも人間であるから、守備範囲の顧客に対して、好き嫌いの感情を抱くのが当然である。問題なのが、嫌いな得意先にたいして二ヶ月、三ヶ月と未訪問が続くうちに、ライバル社の営業マンにマメに訪問され、奪取されてしまうことである。これをロスト顧客である。ロスト顧客の原因は、未訪問が一番で、それをなくすためにも、作業の標準化は重要なのである。

あ〜あ あそこには 何となく 行きたく ないな
ウマが あわないって いうか…
そういう ことじゃ ダメ だよ
いやだからと 訪問期間を あけてる うちに
ライバル社に うばわれて しまうん だよ
すみません
作業の 標準化を はかり 訪問 回数などを 目に見える ようにして おけば
そういう ことも 少なく なるはずだ
Aクラスは 月4回なら Bクラスは 2回 Cクラスは 1回という ことにして おくんだ
A 4回
B 2回
C 1回
集金など はっきりした 目的をもつ訪問は はぶくことはできない
はっきりとした 目的をもたない あいさつ的な 訪問の ハッピーコールは 訪問回数の 多いAクラスに のみ 行うことが できるんだ

85 滞在時間にどう差をつけるか

得意先を訪問する順位をつけたら、滞在時間および回数にもウエイトづけしなければならない。

まず、滞在時間。得意先の格付けによって滞在時間量にも差をつけるということだ。たとえばAクラスに30分滞在したら、Bクラスには20分、Cクラスには10分というようにするのである。上位の得意先ほど滞在時間を多くするという理由の一つに、Aクラスの得意先ほど情報を多く抱えているというのがある。そのためAクラスの得意先へ回ったときほど営業マンは、聞き上手になり、聞き役に徹しなければならないからだ。

情報量を多く抱えているという意味では、たとえば同じBクラスでも、Ac型の得意先とCa型の得意先では、違うということにも気をつけなければならない。自社製品の取扱い量は少なくても、全体の売上でAクラスの得意先は、情報量が多いということから、訪問を続けなければならないのである。

そういう意味では、Aクラスの得意先には聞き上手な営業マンが適しているともいえる。

ABCの格付けをしていない営業マンは、どの得意先にも同じように訪問したり、逆にCクラスの得意先に時間を割いたりしているものである。そうなると、どうしても、入手してくる情報量が少なくなってしまう。

Aクラスの得意先ほど滞在時間を多くしなければならない第二の理由は、上位の得意先ほどキーマンといわれる購買関与者が多いからだ。面会しなければならない人間が、Aクラスの得意先ほど数が多いということになる。

成績優秀な営業マンほど、以上の二点を考慮し、相手の格によって、滞在時間にメリハリをつけている。下手な営業マンは、そのウエイト付けが逆になっているケースが多く、その差がそのまま成績になってあらわれてくるのである。

やあ
こんにちは
やあ
いつもの
セールス
マン君か
こうで…
こうなん
だよ
ふむ
ふむ
なるほど
そうなん
ですか
やあ君は
聞き上手
だね
つい秘密の
話ももらして
しまうよ
いや～なかなか
参考に
なりますよ
そうそう
その調子
Aクラスの
店は多くの
情報量を
かかえて
いるので
滞在時間も
長くしかも
聞き上手に
なる必要が
あるんだ
お得意様を
ランクづけして
滞在時間の
メリハリを
つけなければ
いけないと
いうのは
上記のような
理由からで
ある

第9章　営業戦略

86 新規開拓の必要性と困難

成熟市場になっている現在、販売実績を上げるには、得意先の新規開拓が重要になる。ところが、成熟市場であるがゆえに、新規開拓は難しくなってきている。成熟市場は、製品が60％以上普及したときをいうが、そこまで達すると、必然的に見込み客は減少していく。そうなると、新規開拓は他社の得意先の奪取を意味する。しかし、得意先の立場からすると従来の取引先の変更ということになる。人間は習慣を変えることに対し不安を抱き、取引先を変更することには拒絶反応を示すケースがほとんどだ。

新規開拓が困難になってきた第二の理由は、営業マン個人の自己管理だけでは，新規開拓となる対象を見出すことが無理になってきているということが挙げられる。対象となる得意先や顧客をリストアップしておかなければならないが、営業マン一人ではできない。

そこで、特定の地域や業種を対象として、取引の実態や商品別扱い高の実態を調べるローラー調査の必要性がそこから生まれる。

第三の理由に過去のやり方が通用しなくなってきたことが挙げられる。営業マン自身の問題であるが、とくに、好況時を経験している営業マンには、新規開拓しなくても、向こうから注文はきていた。基本的なセールステクニックを持たないまま、販売実績を伸ばすことができたのである。

ことさら新規開拓しなくても、ノルマ達成できる営業マンがいるというのも事実で、それが新規開拓の障害になっている。成績優秀な営業マンは、大口の顧客を抱えているケースが多く、また営業マンの評価そのものも売上金額の結果だけを重視する企業が多い。これが問題である。先輩に新規開拓の経験がない営業マンがいたり、新規開拓をしなくても実績を上げる営業マンがいたりすると、新規開拓の意欲を鈍らせる結果になる。

おれは新規開発しなくったって今までのお得意様だけでこんなに売り上げがあるんだ
新規開発なんて必要ないよ
へ〜そうなんですか
まちがっていると思うけど

87 新規開拓はここを狙え！

他社の得意先の奪取が新規開拓であり、その効率的な方法は「狙い撃ち」ということになる。的を絞った販売活動が必要なのである。そして、狙い撃ちといっても、強者と弱者では、標的の決め方が違ってくる。

強者は、「確率戦で戦う」という鉄則から、併売店や規模の大きい得意先を狙うべきだ。併売というのは、いってみれば確率戦であり、当然、強者に有利に働くからである。規模の大きい得意先も確率戦になりやすい。

特に機械など高価な商品を購入するときは、検討対象となる企業数が多くなりがちで、その場合は強者にとって有利になる。数が多くなれば迷いが生じ、迷いが生じれば知名度があり、実績がある強者の商品が選ばれる傾向があるからだ。

これに対し弱者は、オンリー店や、横のつながりがない一匹狼的な得意先を狙うべきである。弱者の戦略として、一騎討ち型の戦いを挑むのである。弱者にとって確率戦になりがちな併売は不利なのだ。

オンリー店が、新規開拓の標的にしやすい理由として、主に次の理由が挙げられる。

①従来の取引企業からすれば、自社のオンリー店ということで、営業マンも安心しきって、マメに訪問していなかったり、他者の食い込みに対してもあまり警戒心がない。

②オンリー店は一社からしか情報が入ってこないので、情報量が少ない。そのため、噂に左右されやすく、陽動作戦がとりやすい。

③一社としか取引がないため、常に「隣の芝生が気になって」、取引先に対し不満を抱いているケースが多い。

局地戦で戦うというのも、弱者の戦略である。業者同士のつき合いがあまりなく、独立性の強い顧客を狙うというのも、一つの戦略である。

強者は確率戦 つまり併売店や 規模の大きい 得意先を 狙うべきで ある
あっ この商品は よく 知ってる！
くらべる ものが多い せいでよけい 目立つよ
これに 決めた

弱者は一騎討ち つまり オンリー店や 横のつながり ない店を 狙うべきで ある
比較する ものが少 ないんだよ
う〜ん この商品 新鮮で いいじゃ ないか
これに 決めた

88 新規開拓候補店の四回訪問

新規開拓候補店を攻撃する基本的な方法は「四回訪問の原則」だ。新規開拓訪問では、どんな顧客であっても、最低四回訪問してから見込みがあるかないか判断するべき、という原則である。四回の訪問で、それぞれ相手の反応は次の通りになる。

①一回目の訪問＝「イヤだ」
（そんな会社、聞いたこともない）
②二回目の訪問＝「ダメ！」
（うちは○○と取引しているからお断り）
③三回目の訪問＝「困るよ」
（何度も来ないでくれ！）
④四回目の訪問＝見込みがあるかないかを判断

一回目の訪問や二回目の訪問では、撥ねられたり、断られたりして、三回目で「何度来られても困る」と本音をいわれる。だから、四回目の訪問で見込みがあるかないかを判断しなければならない。

初めのうちは断られるのが当たり前である。その確率は80％以上というのが通説だ。しかし、一回や二回の訪問では、まだ相手の本音はつかめない。最初は、誰にでも警戒心があって、断るのが習慣だからだ。

だから、営業マンは、一回や二回の訪問では判断せず、四回訪問して判断するのだ。ここで成績を上げられない営業マンは、一回、二回の訪問で「見込みなし」と判断を下しているケースが多いのである。

だからといって、何度断られても、しつこく訪問すればいいというものでもない。まったく見込みがないところに何度も足を運ぶのは、ムダな動きになるだけではなく、嫌われてしまうからだ。

四回訪問というのは、その意味でも重要であり、標準化された動きでなくてはならない。注文が取れるピークは、四回目と五回目の訪問にあるということを強く認識すべきだ。

1回目
そんな会社聞いたこともない
2回目
うちは○○と取引しているからね〜悪いけど
3回目
困るよ何度もこないでくれ
4回目
ここで初めて判断するべきである

89 訪問時のマナー

新規開拓での訪問時にどう振舞うかのテクニックを紹介しよう。

まず、初回訪問は、受注するかどうか以前の問題で、相手に好印象を与えることが大きな目標である。営業マンの誠意さ、熱意をどう伝えるかだが、まず営業マンとしてより、ビジネスマンとして最低限のマナーは心得ておかなければならない。取引は営業マンと得意先の信頼関係から生まれてくるもので、その信頼関係のうち50%は、営業マンのマナーなどの基本動作といわれている。

しかし、その基本マナーをわきまえたうえで、営業マンの数が増え、セールステクニックの訓練が行き届いていくと、ありきたりの方法では相手に強く印象づけることはできない。

そこで顧客に強く印象付ける方法として、次の三つが挙げられる。①低圧法②高圧法③八方破れ

①の低圧法は、最も一般的で、基本的なマナーのもと「買ってください」とひたすら低姿勢ででる方法だ。

②の高圧法は、十分注意しなければならない。文字通り高圧的な態度で臨む方法で、たとえば相手が「買えない」「お断りだ」といってきたとき、「ずいぶん、遅れているんですね」「お宅ではやっぱり無理でしたか」と、相手に不安を抱かせる方法だ。

「売れている」という自信のあらわれとも映り、他の営業マンのセールスとの差別化も図れる。ただし、いいすぎには気をつけなければならない。

これまで営業マンがアタックしてダメだった相手や、難攻不落と思われていた相手に対する方法で、意外に威力を発揮する。

③の八方破れは、営業マンが個性を全面に出し、ヒゲを生やしたり丸坊主にしたりと、「意外性」を印象付けるのだ。もちろん、営業トークをしっかり身につけた上でないとダメなのはいうまでもない。

おねがいです 買って下さい
よろしくお願いいたします
これが一般的な「低圧法」つまり…ひたすら低姿勢にでる方法である
へ～買わないっておっしゃるんですね
ずいぶんお宅は遅れているんですね
か…買わないと時流に乗り遅れるのかな～ 何だか自信がありそうだな… 売れてるんだろうな… 買った方がいいのかな～
買おうかな…
これが高圧法」
今までダメだった相手に対し威力を発揮することがある
押してもダメなら引いてみる式に
そして最後は「八方破れ」
やあ社長！
顔見に来たぞ
個性を全面に出すやり方だが基本を身につけなければいけないのは言うまでもない
ほらこの商品なんかどうだい

90 二回目・三回目訪問の目的

一回目の訪問の目的は、相手にいかに印象づけるかにある。その目的を達成できたら、早目に切り上げることだ。目安として15分以内とする。

では、二回目の訪問の目的は何か？　まず、二回目の訪問は居留守を使われるケースが多いことを覚悟する。面会謝絶だ。それで諦めてはいけない。受付や秘書、代わりに出てきた人間などから、情報を引き出すことである。情報で重要なのは、月商や競合関係、ライバルの営業マンの動向、購買決定権者などである。

情報を引き出すには、聞き上手になることである。具体的に聞き上手になるには、次の点に留意する。

①相手を先生と思って熱心に耳を傾ける
②ときどき相手をほめる
③世間話の合間に何気なく重要なポイントを探る
④質問を多くする
⑤相手の話の腰を折らず、助け船を出す
⑥大人の会話ができるよう話題を用意しておく

二回目の訪問も、滞在時間は短いほうがいい。20分以内と心得ておく。

新規開拓では、次の三回目が大きなヤマとなる。二回まではタテマエの断りだが、三回目ともなると「もう、これ以上来られても困ります」とホンネで断ってくる。ここからが、営業マンとしての本領発揮となる。この場合、相手がホンネを吐いたら、こちらもホンネを吐くのが原則だ。

二回目まではウォーミングアップ的な訪問だが、三回目ともなればホンネで商談に持ち込む。簡単な商談だが、自信を持って展開していくのである。

ここで注意しなければならないのは、ライバル企業や商品の悪口は一切口にしてはならないことだ。あくまで誠意で対応すること。相手のホンネにホンネで対応するのは、やみくもに粘るのではなく、次の四回目につなげることを考えるべきである。

1回目の訪問は印象づけが目的である
こんにちは この間おじゃました○○です
あ、今担当者いないんです
このように2回目の訪問は居留守を使われるケースが多い
しかしそれであきらめてはいけない
目的の人物以外からでも情報を引き出すことである
こちらの会社は対応がとってもあったかいですね
ボクらのようなセールスマンには身にしみますよ
とっても気に入りました
あらそうかしら
会社のことを聞かせてくださいよ
いいわよ
こうして得た情報で次の3回目を戦い抜くのである
なぜなら3回目がヤマ場となるからである 3回目はホンネでの商談になるであろう

91 四回目の訪問で見込み度を判断

三回目の訪問では、キーマンとなる人間が出てくるケースが多くなる。それも、商談にＯＫを出すのではなく、ホンネで断るためだ。そのかわりホンネで断るからには、こちらの話にも真剣に耳を傾けてくれることが多い。

四回目も、三回目と同じようなアプローチで商談の話をぶつける。この四回目の訪問で、初回から集めてきた情報をもとに、見込みがあるかないかを判断する。見込みありと判断したら、引き続き訪問を繰り返し、見込みなしと判断したら、潔く撤退する。

ここで、新規開拓におけるハッピーコールの重要性を挙げておく。四回目で見込みがあるからといって、そのあと直ぐに取り引きが始まるものでもないからだ。

訪問にはおおむね①とび込み訪問という名のニューコール②見込み客に繰り返すリピートコール③サービスのためのサービスコール④集金のためのコレクトコール⑤あいさつ式のハッピーコール、の五種類がある。

ハッピーコールとは、セールスに来たという顔をせず「ちょっと近くまで来たものですから、あいさつに来ました」といって訪ねるようものだ。事前に連絡など入れずに、不意打ちをかけるのだ。もちろん、相手の都合のいい曜日と時間を読んだうえでのことである。

ただ、あいさつして帰ってくるだけでは芸がないので、できれば何かＰＲをして帰ってくる。さらに、前回訪問と先方の様子がどう変化しているか情報をつかめれば申し分ない。

最近、とみにハッピーコールが重要になってきたのは、どこの企業も仕入れの決済が簡単に下りることがなくなってきたためだ。購買決定まで、時間がかかるため、その重みが増しているのである。商談だけが、訪問の目的ではないのである。

今日で4回目の訪問か…
う〜ん これは脈がありそうだ
では引き続き訪問を続けるんだね
ここで訪問の種類を教えておこう
①ニューコール＝とび込み訪問
②リピートコール＝見込み客を訪問
③サービスコール＝サービスのための訪問
④コレクトコール＝集金訪問
⑤ハッピーコール＝あいさつ訪問
これだけの種類があるんだ
近ごろは仕入れの決済がかんたんに下りることはない
ハッピーコールがそういう時決断を…
うながすことがあるんだ
あいさつしてくるだけではなくできればちょっとした提案などをしてくればベストだね
へ〜
よくわかりました

92 ナンバーツー攻撃法

これまでの新規開拓法は、いわば正攻法である。しかし新規開拓には、正攻法だけではなく、裏技もときには必要である。その裏技の一つが、ナンバーツー攻撃法というものだ。

ナンバーツー攻撃法とは、文字通りナンバーツーの地位にある人間を狙うことである。ナンバーワンである社長や店主の承諾が得られなかったとき、からめ手から攻める方法だ。

企業には普通、番頭格、女房役、後継者といわれる3タイプのナンバーツーが存在する。肩書きでいえば、副社長、専務、常務であり、販売店でいうなら一番番頭格の従業員、店主夫人、息子がこれに当たる。ナンバーツーは、企業の規模が大きくなればなるほど、数も多くなってくる。さらに重要な点は、ナンバーツーの数だけ仕入先やブランド数が多くなってくるということだ。ここに、ナンバーツー攻撃法の有効性が潜んでいる。

ナンバーツーの特性として、第一にそれぞれが将来のナンバーワン候補であることから、お互いに仲があまりよくないということが挙げられる。第二に、ナンバーワンのトップに対し多かれ少なかれコンプレックスを抱いているものであり、潜在的にトップとは反対のことをしたがる傾向にあるということだ。

ナンバーツー攻撃法のヒントがここにあり、原則として各個別に攻撃しなければならない。ナンバーツーを横一線に並べて面会するのではなく、一人ひとりを攻める。ナンバーワンとナンバーツーの同席も意味がない。

ナンバーツー攻撃法の基本は、「持ち上げる」ことにある。「このお店は、奥さんがいるかぎり安泰ですね」「この会社は、専務のおかげでもっているようなものですね」といった、〈ナンバーツーコンプレックス〉をくすぐるような臆面もない言葉で攻めるべきである。

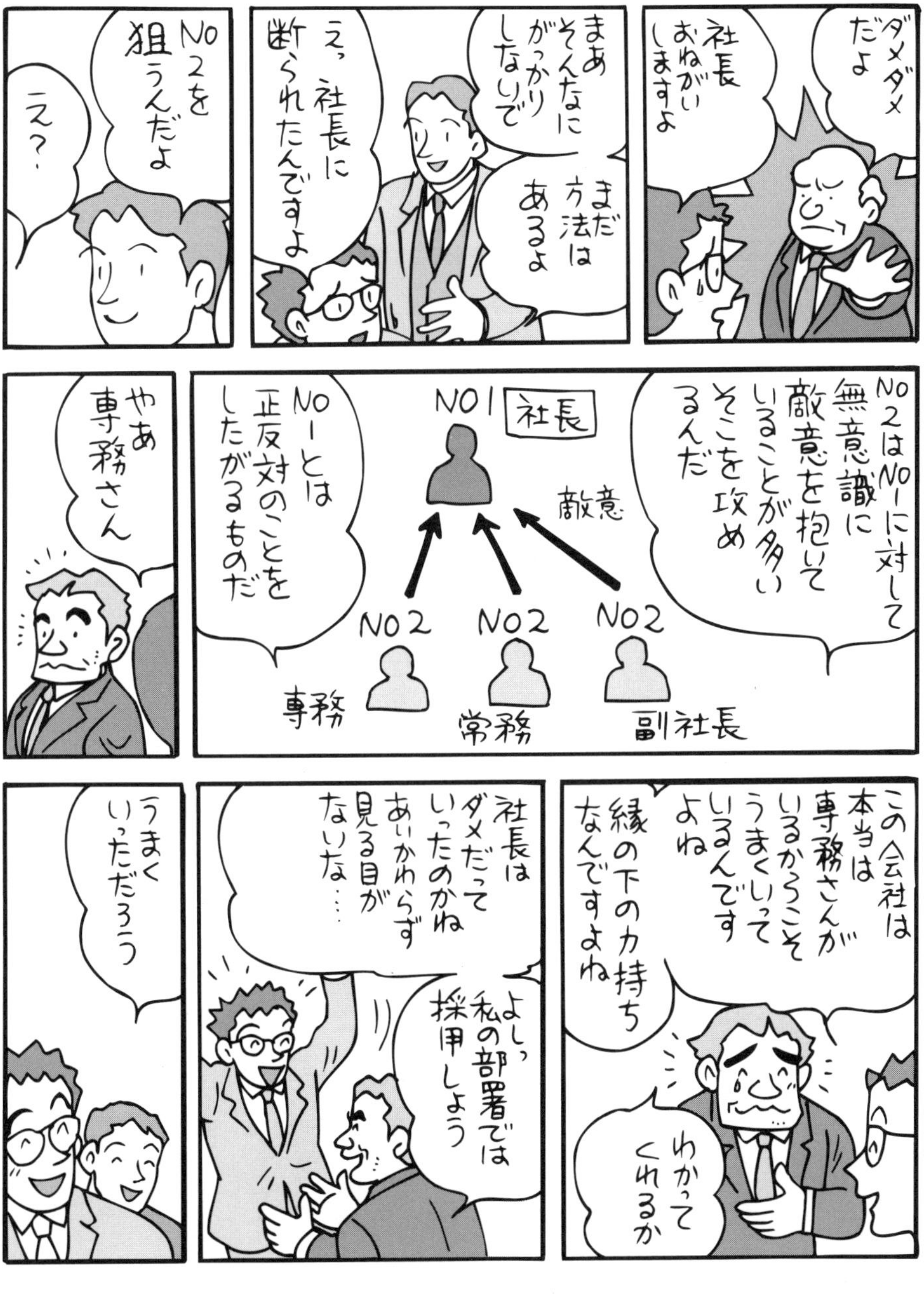
ダメダメ
だよ
社長
おねがい
しますよ
まあ
そんなに
がっかり
しないで
まだ
方法は
あるよ
え、社長に
断られたんですよ
No2を
狙うんだよ
え？
No2はNo1に対して
無意識に
敵意を抱いて
いることが多い
そこを攻め
るんだ
NO1
社長
敵意
NO2
NO2
NO2
事務
常務
副社長
No1とは
正反対のことを
したがるものだ
やあ
専務さん
この会社は
本当は
専務さんが
いるからこそ
うまくいって
いるんです
よね
縁の下の力持ち
なんですよね
わかって
くれるか
社長は
ダメだって
いったのかね
あいかわらず
見る目が
ないな…
よしっ
私の部署では
採用しよう
うまく
いっただろう

93 同行販売の重要性

最近、新規開拓においてハッピーコールの重要性が増してきた。どの企業でも決裁に時間がかかるようになってきたからである。受注できるかどうか、先行きが見えないなかで営業しなければならないからだ。

このハッピーコールは、同行販売的な要素を加味すると、より効果的になる。もともと、ハッピーコールは、営業マンよりはマネジャーといったように、地位の高い人間が行なったほうがいい。

同行販売を行なうときは、マネジャーの時間の制限も考慮して、いついかなる場合にハッピーコールをかけるか、どの順番で行なうか、その効果を予測した上で標準化しておくのだ。

ここで問題になるのが、マネジャーがでしゃばりすぎないということだ。

マネジャー自身が張り切りすぎて商談をまとめてしまい、営業マンの実績までとってしまうこともある。営業マンのモラールの低下につながりかねないし、いちばん困るのは、普段、営業マンが話していることと、マネジャーの話している内容が異なるケースである。価格の問題が生じるのは、こういう食い違いから生じるのだ。「この前と話が違う」ということになれば、相手は見逃さず、そこから値引きが行なわれたりするからだ。

細部については、担当の営業マンにまかせるべきで、あまり口出しされると営業マンの仕事をやりにくくさせるだけである。

普段からマネジャーと営業マンのコミュニケーションをとっておいて、得意先とどのような話をしているのかなど、情報をやりとりしておくことだ。商品の売りこみ方も、マニュアルを作っておいて、社内で統一しておく。万が一、話に食い違いがでそうになったら、マネジャーはあまり話さないように心がけることだ。

やあ 近くに きたんで 寄りました
「ハッピーコール」は さりげなく 予約を とらずに 行う あいさつ がわりの 訪問で ある
今日は 上司と 一緒です
ハッピーコールは より地位の 高い人間と 同行販売 した方が
より 効果的と なる
え〜っと この間の お話では ここが… こうで
えっ前の 彼の話と 違う けど…
そんな 安い 値段で 売って いただけ るん ですか?
し…しまった〜
ボクの話に 口を 出さないで くださいよ
同行するのは 良いが 上司は 出しゃ ばっては いけない

第10章　営業マン管理

94 販売割当の目的

企業の究極の目的は利潤の追求であり、利潤を上げるには、売上を上げるしかない。売上が経費を上回っていない限り会社経営は成り立たない。だから、これだけ売上が必要だというところから、売上目標が出てくる。そこから、東京で何％、大阪で何％というように、地域別の販売割当が出てくる。

しかし、この売上の目標設定をあいまいにして「できるだけ頑張れ」という精神論になってしまうと、売上目標が前年比何割増といった期待と願望だけで行われてしまう業績評価のシステムとなってしまいやすい。

販売を割り当てられた支店や営業所の責任者は、いかに販売割当の目標値を低くすることかが、重要な任務と思いこんでしまう。目標値が低ければ低いほど、達成率がアップし、業績評価がよくなるからだ。

販売割当は、本来は業績評価を目的としているのではなく、確実に１００％達成できるような割当額を科学的に算出し、販売計画を実績に近づけるための戦略経営なのだ。

地域別販売割当の科学的システムに、ボギーシステムがある。ボギーシステムには、二つの狙いがある。一つは、営業活動に携わるすべての人間の意見が、販売割当の決定に反映されるということである。販売割当が、営業マン→営業所長→支店長→本社営業部→トップというようにボトムアップで試案が出され、それぞれの段階で調整がなされ、最終案が決定されるからである。あとは、その逆のコースで戻ってくるのだ。

もう一つの狙いは、目標は１００％達成されなければならないということである。「できるだけ頑張れ」という精神論ではなく、何人の営業マンがいて、このエリアにこれだけの訪問回数と滞在時間で営業ができるというところから、「これだけはできるはずだから、目標は達成しろ」と設定するのだ。

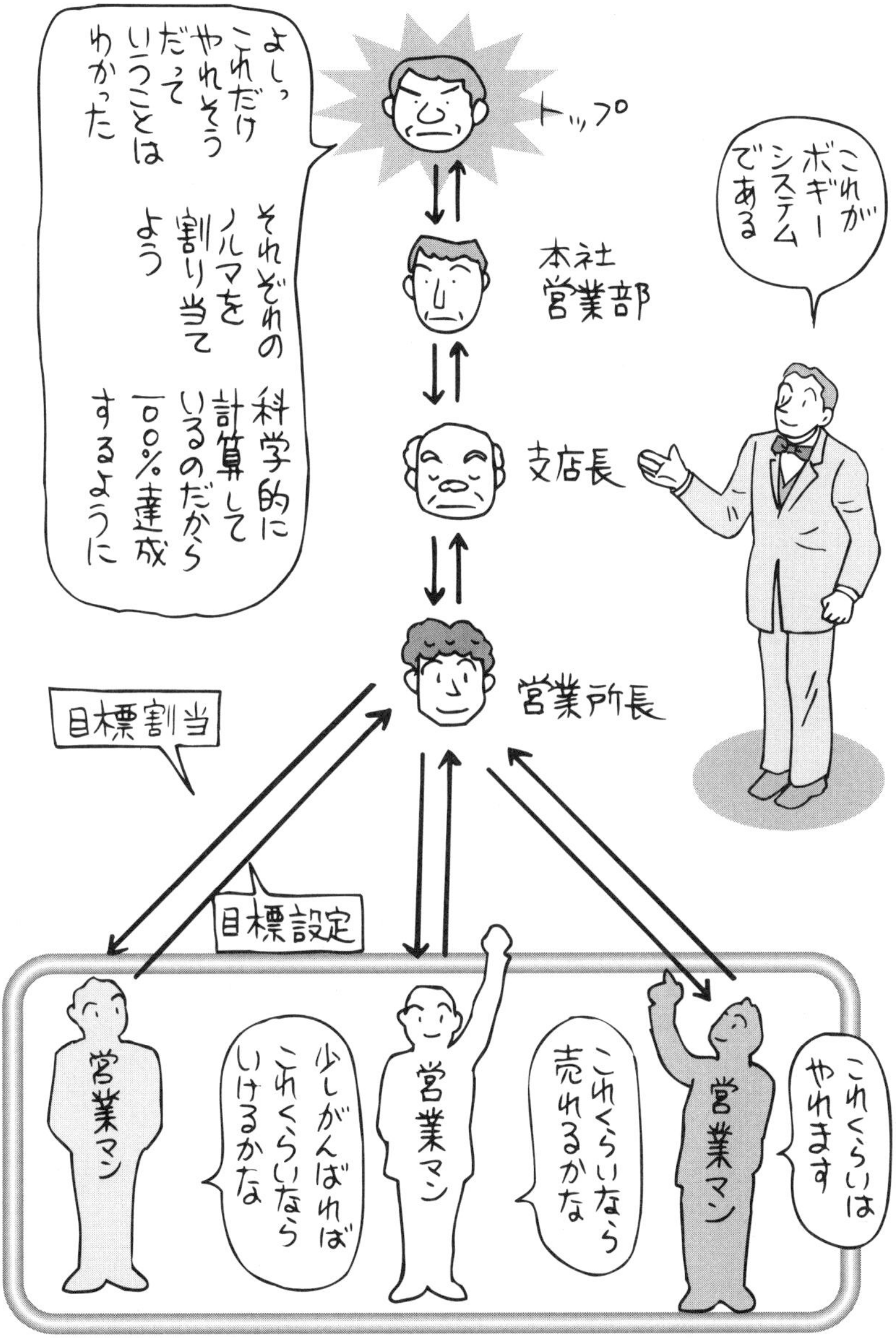

よしっ これだけ やれそう だって いうことは わかった
それぞれの ノルマを 割り当て よう
科学的に 計算して いるのだから 100%達成 するように
トップ
本社 営業部
支店長
営業所長
これが ボギー システム である
目標割当
目標設定
営業マン
営業マン
営業マン
少しがんばれば これくらいなら いけるかな
これくらいなら 売れるかな
これくらいは やれます

95 販売割当の基準・営業所別

わが国において、ボギーシステムのような販売割当は、多くの企業で採用されているにもかかわらず、上手く機能している例は少ない。

ボギーシステムには、下からの「行きのコース」と上からの「帰りのコース」があるわけだが、この両者の数値がたいてい食い違うのである。営業マン個人の目標とは別個に、経営計画のもとになる総売上計画が必要だからだ。

ここで問題なのは、会社が望む目標設定より、営業マンの目標設定が、はるかに低いということである。とくに、現在のような不況時においては、それは顕著になる。営業マンの販売目標をそのまま会社の販売目標に設定していたら、赤字は確実というのが現実である。下から上がってきた数字を調整するのは、会社としては当然である。

ところがこの調整がうまくいっていないのである。上乗せされる数字に科学的根拠がない場合が多く、そこがネックになっている。販売割当額は、支店ごと、営業所ごとの状況に応じて、科学的に設定されるべきものなのだ。

営業所の割当基準から探ってみよう。売上の可能性は、当然のことながら営業マンの数に比例する。そのため、販売割当は、営業マン一人ひとりの過去の実績が基準になる。この場合、そこから出てくる販売予測と実績の誤差は、できるだけ少なくしなければならない。そのために、

①どのくらいの期間を参考にして販売予測するか
②景気変動による影響はどれくらいか
③営業マンの経験を実績と結びつけてどう評価するか
④営業マンの過去の実績のなかに「ツキ」はどれくらい作用しているか
⑤今後、営業マンにどの程度改善が期待できるか

といった点について考慮する必要がある。

これが自分の目標なんですけど…
自分の目標
君ののぞむ販売目標を設定していたら我が社は赤字だよ
会社の目標
でもボクにはこれくらいしかできません
そんなハズないだろう…
…と言っても
そう言われると反対する根拠がないな〜
そのためにもくわしいデータを作る必要があるんだ
え
彼の過去の成績についてくわしくしらべてみるんだ
景気の変動やツキなんかも頭に入れておく
そしてどれくらいの営業成績をあげられそうか計算してみるんだ
過去の成績から見てこれだけの販売目標はクリアできるはずだ
参りました…

96 販売割当の基準・支店別

支店別の販売割当を考えるときの基本的な算定基準は、地域別指標ということになる。一般に支店というときは、県全体や数県にまたがる広大な地域を管轄していることを前提にしているからである。

そういった地域性を無視して、たとえば同じ面積だからといって、都会と過疎地帯を同じ販売割当にするわけにいかないからである。

地域別指標で問題になるのは、地域をストックで見るかフローで見るかということである。東京地区を例に挙げると、ここには全国の事業所の22％が集中している。とすると、事業所を対象にする企業なら、東京地区に対する割当指数は、22％ということになる。

しかし、その22％の事業所の営業所得金は、東京都に全国の40％以上が集中していることになり、それなら40％を販売割当の基準にするべきだ、という考え方も出てくる。これが、フローで見る販売割当の方法である。

現在のような成熟社会では、フローのウエイトを高くするのが一般的となっている。とくに、強者の企業は、フローの大きさを重要視するべきだ。

もう一つ、販売割当を考えるとき、考慮に入れなければならない点がある。大都市と地方都市、都市部と山間部では、商品の売れ行きに違いがでるのが自明の理である。地域を行政単位で扱ってはならない理由がここになるわけだが、50万商圏と呼ばれる大商圏には、販売割当を上げる特殊な理由がある。

第一点に、その都市の昼間人口と夜間人口の差がある。大都市は、周辺の小さい商圏を吸収してしまう傾向があり、販売上のツキも集まりやすい。したがって、販売割当を上げる必要が出てくる。

第二点は、車の移動の問題だ。車の登録地域と実際に稼動している地域には、かなりの違いがあるのだ。稼動台数が多いところには、需要も多いのだ。

我が社は東京地区に全体の22％にあたる事業所がある
…ということは東京地区に対する販売割当は22％ということか
そんなに単純じゃないよ
都会では過疎地区とは違い はるかに売り上げは多くなる
だから販売割当も当然大きくしなければいけない
また大都市と地方都市では商品の売れゆきが違う
また車の稼動台数の多い所は商品の需要が多いなど細かい観察と分析が必要となる
地域を一律に扱ってはいけない
よくわかりました

97 業績評価のやり方

営業マンの業績評価は、販売割当ての問題と切り離して考えなければならない。業績評価は、次の四つの指標を基本に据えている。

①成長性指標（増加率で見る）
②安定性指標（達成率で見る）
③開拓性指標（新規開拓の実数で見る）
④経済性指標（経費効率で見る）

成長性指標は、売上高や受注額の増加率、受注件数の増加率、粗利益の伸び率といったような増加率での業績評価である。

安定性指標は、達成率という比率であらわされるもの。販売計画達成率、代金回収率などである。

開拓性指標は、従来の実績や既存の取引数に対し、新規に増やしたものを業績評価の基準の一つに加えようというものだ。得意先の新規開拓、新製品の実績、新規加入者の数といったように、増加率ではなく、実数であらわされることが多い。

経済性指標は、営業費用の効率的活用にどこまで貢献したか、経費の節減にどれくらい役立ったかをあらわそうという指標だ。

これらの業績指標は、次ページのレーダーチャートで表示される。成長性指標と安定性指標、開拓性指標と経済性指標は、それぞれ対になるように配置される。お互いが二律背反関係にあるからだ。レーダーチャートが、二つの同心円で描かれているのは、内側の円が過去の実績の平均値であらわされ、外側の円が過去の実績の最大値を基準に描かれている。

成長性指標が高ければ、安定性指標が低くなるといったように、歪みが生じがちだが、理想型は歪みが少ない正円にちかい形だ。このような型が形成されるのは、計画的で自己管理がしっかりした優秀な営業マンといえる。逆に内円の中に集中したあげく、形がジグザグしている営業マンは、無計画、無策、無改善の営業マンということになる。

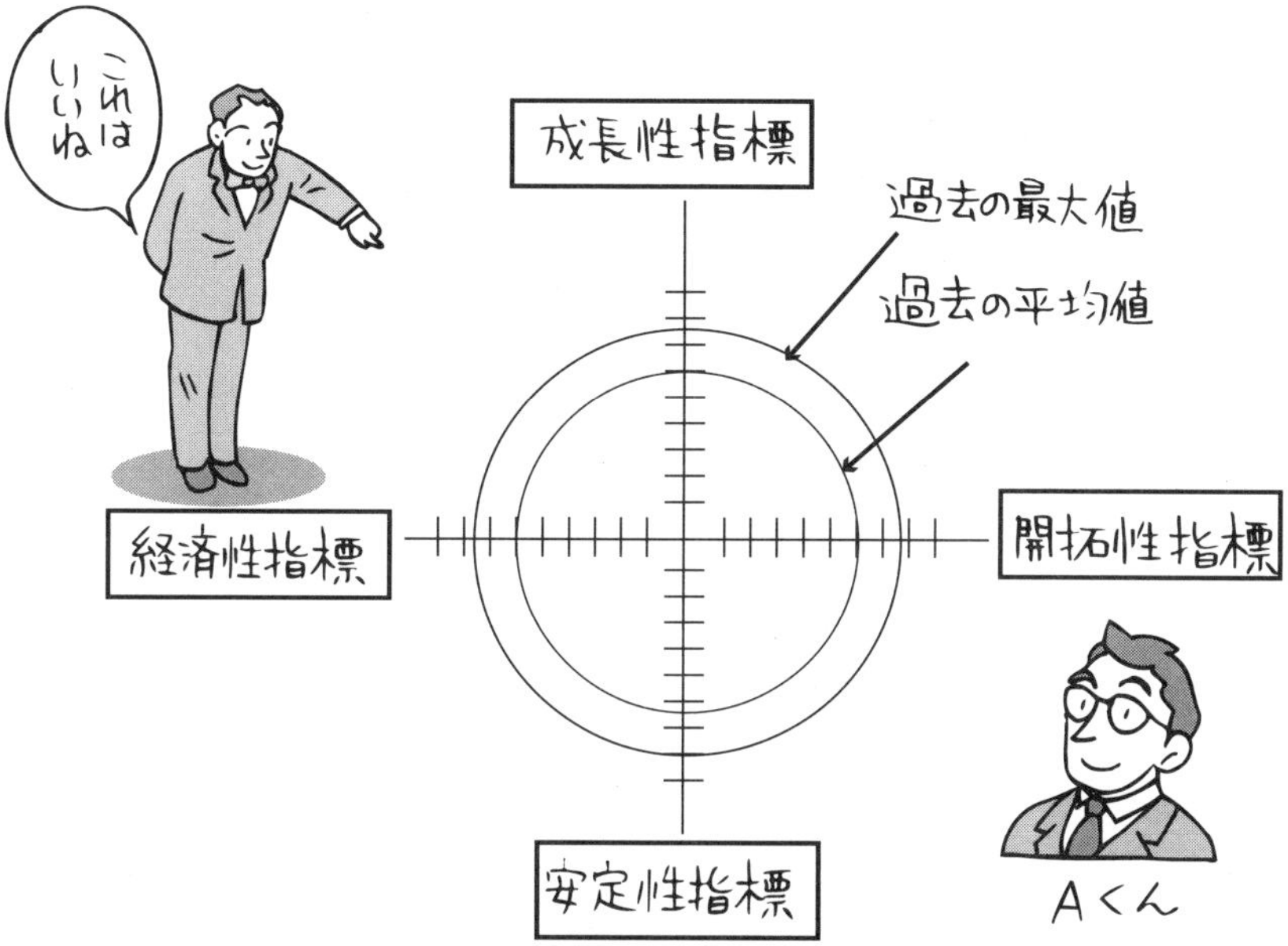
これはいいね
成長性指標
過去の最大値
過去の平均値
経済性指標
開拓性指標
安定性指標
Aくん

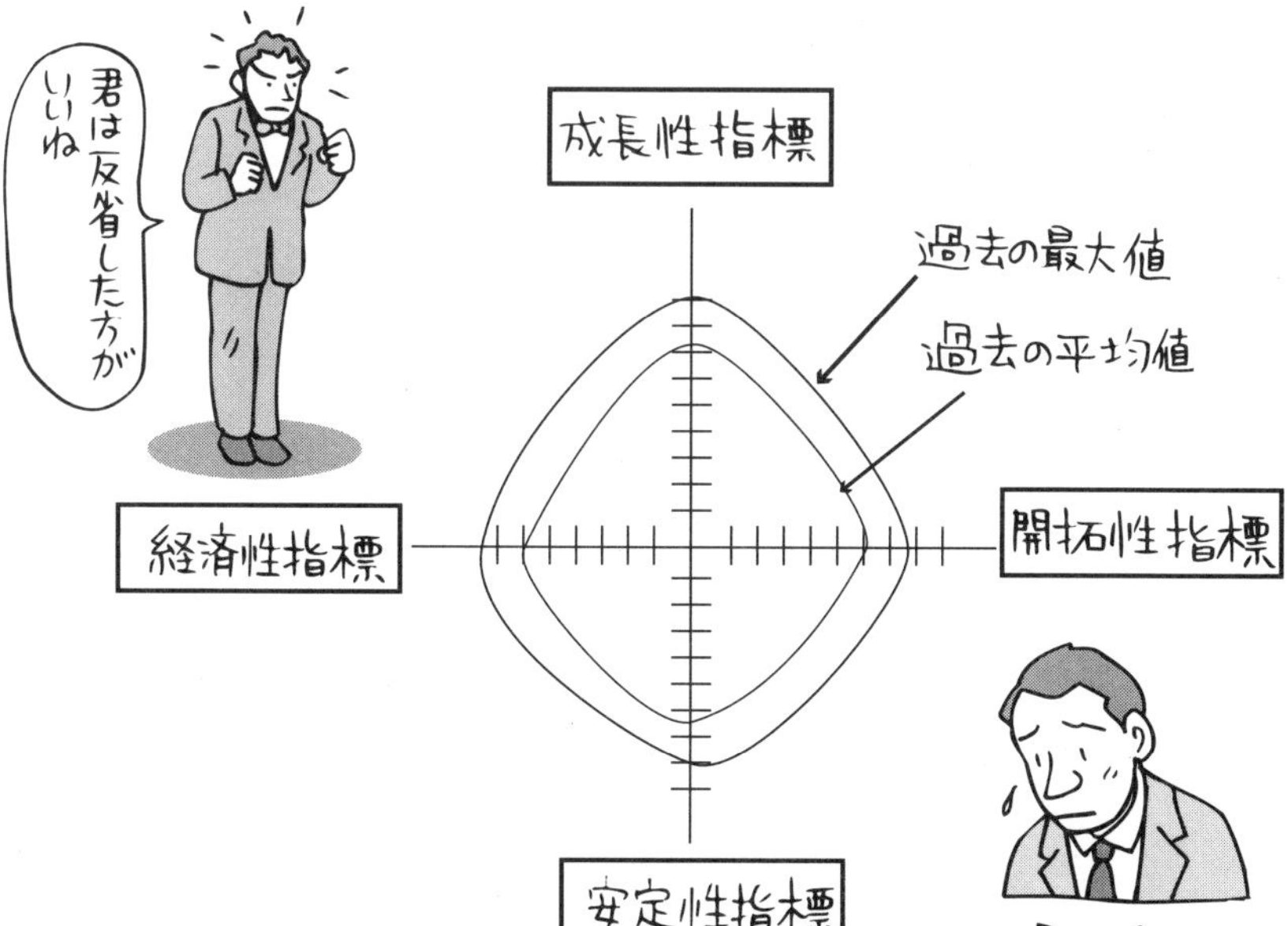
君は反省したほうがいいね
成長性指標
過去の最大値
過去の平均値
経済性指標
開拓性指標
安定性指標
Bくん

98 計数主義の問題点

前項で述べた業績評価の方法は、営業マンの評価法としてはポピュラーなものだが、これは業績の結果だけをあらわした管理法であることには間違いない。すべての業績を数値化した計数主義であるが、ここにも問題点がある。

この計数主義はポイントシステムといわれるものだが、大きな欠点が二つある。

第一に、営業マンが、与えられた指標の重要度通りに動いてしまいがちになるということだ。営業マンは、大胆な冒険を行なわなくなり、慎重な行動をとるため、営業マンそれぞれの個性を殺してしまうことになる。

経済性指標にウエイトを置けば、営業マンは新規開拓をしなくなるし、営業経費の節減にウエイトを置けば、営業マンは遠隔地に行かなくなる。ウエイト付けは、各企業、それぞれのトップの判断であり、個性であるが、営業マンに、マイナスの影響を与えるのであれば、やはり欠点であるといわざるをえない。

第二に、このような計数主義による管理システムが、営業マンの創意工夫や特性を殺してしまうということである。

営業マンの実績は、販売技術、経験年数、適正、モラールなどさまざまな要因が絡んでくる。そのなかには、計数化できない要素もある。そういう計数化できない部分も、評価の対象にしなければならない。

計数主義が業績主義の完全主義であるとすれば、計数化できない部分を含めた評価の方法を、業績評価の不完全主義という。

この計数化できない部分の評価は全体の評価に対するウエイトとしては、およそ15～20％程度と考えていい。しかし、この計数化できない部分への評価によって、営業マンは精神的にも、かなりの部分で救われるということを、マネジャーは肝に銘じておかなければならない。

なんだかオレたちの評価が点数でばっかりあらわされるなんてイヤだよな
ロボットにでもなった気分だよ
そう感じるのは正しいことだよ
営業マンの実績には販売技術、経験年数、適性、モラール、などさまざまな要素がある
その中には計数化できない要素もある
そういう部分も対象にするべきである
この部分はおよそ全体の15%〜20%であるが無視をしてはいけない
そうだよおれたち人間だものな
ほっとしたよ

99 コミッション制度の取り入れ方

営業マンのやる気を引き出すのは、業績に対する報酬制度である。評価の結果を直接、給料に反映させるときは、誰もが納得できる公平性を持たなければならない。そのためには、向上のための刺激となるような科学性を持つべきだ。

営業マンに対する報酬制度に、コミッションシステムがある。この方法にもいろいろあって、まず、営業マンの給与を固定給とせず、すべてをコミッションにするという、フルコミッション（特殊コミッション）と呼ばれる方法である。すべての報酬をコミッションにするこの方法は、日本ではあまり一般的ではなく、採用された場合でも、うまくいかない。

主な理由は三つある。

第一に、営業マンの要求水準が、さほど高くないということである。リスクより、安定性を好む営業マンがほとんどということだ。

第二に、営業マンの質にバラツキが多いということだ。フルコミッションは、全体の業績の底上げを狙った方法だが、思うような成果が出ないことがある。要求水準の低さに加え、営業マンの質がバラバラであること、教育制度の不備などが挙げられる。

第三に、扱う商品が成長期にある商品の場合は、フルコミッション制度は機能する。しかし、成熟社会になった現在、そのシステムの採用は不適切だ。

フルコミッションの反対の制度が、ハウスセールスという方法である。報酬は、固定給+手当てという制度で、業績報酬として加算される報酬は、ボーナスという形で支給されるのだ。

コミッションのウエイトを大きくすれば、会社に対する忠誠心は薄れる。逆に固定給のウエイトを大きくすれば、会社にたいする忠誠心が強くなるかわりに、周囲の同僚に対するライバル心、競争意識が薄れる。このコミッションと固定給の割合をどのようにとるかが問題になってくる。

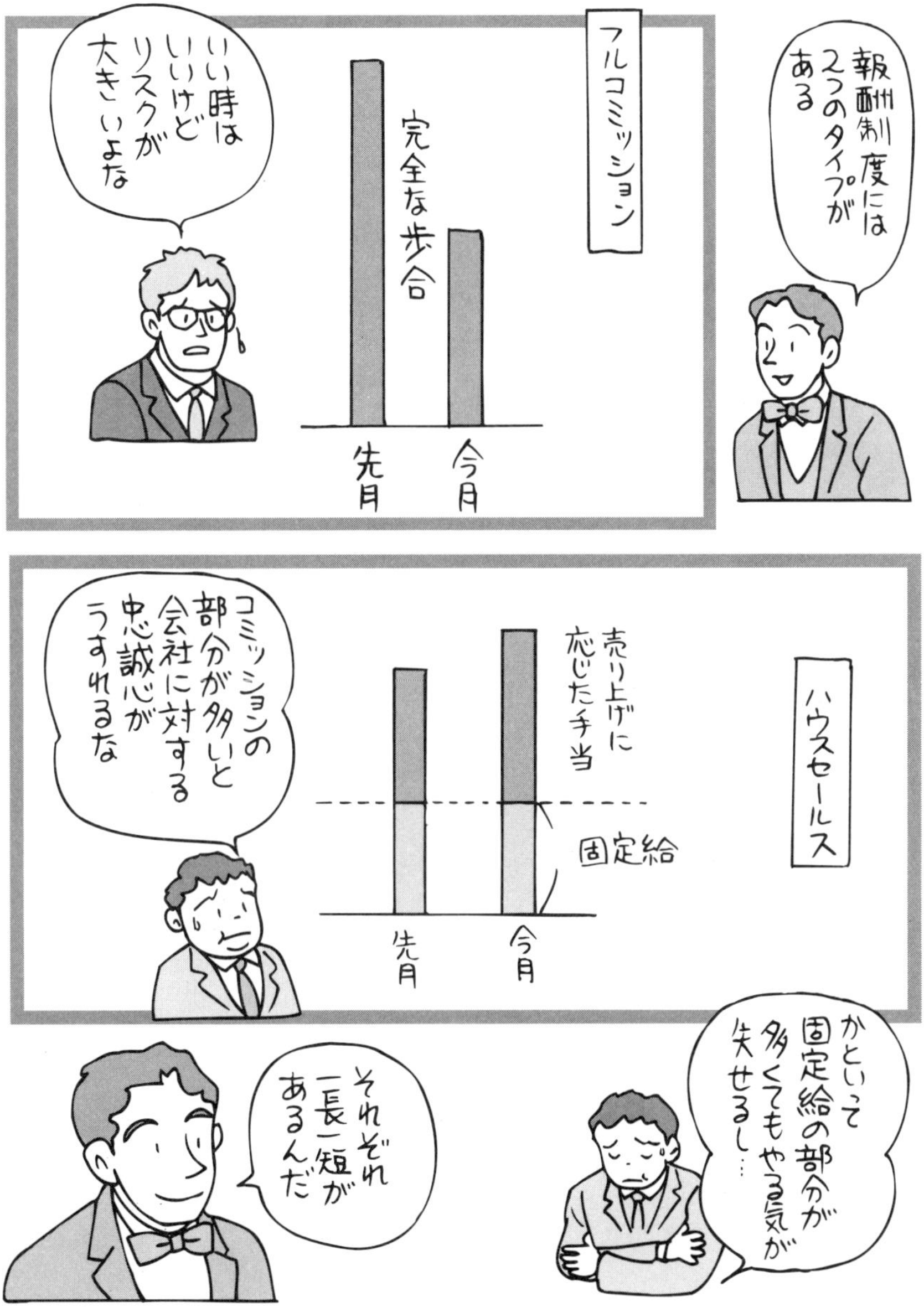
報酬制度には2つのタイプがある
フルコミッション
完全な歩合
先月
今月
いい時はいいけどリスクが大きいよな
ハウスセールス
売り上げに応じた手当
固定給
先月
今月
コミッションの部分が多いと会社に対する忠誠心がうすれるな
かといって固定給の部分が多くてもやる気が失せるし…
それぞれ一長一短があるんだ

100 営業マンのモラールを低下させるもの

マネジャーの主な業務といえば、部下を励まし、動機づけるということが、全体の4割を占める。営業マンのマネジャーに対する不満を挙げることによって、マネジャーのあり方が浮かんでくる。

マネジャーに対する営業マンの不満は、大きく五つが挙げられる。それは、①マネジャーの不在の多さ②会議が多すぎる③質問に答えられない④部下の単純作業を横取りする⑤報告を多く求める、などだ。

①のマネジャーの不在は、そのまま営業マンの不安時間だ。価格や取引条件など上司に決裁を求めるなど、マネジャーの存在が前提になるからだ。マネジャーこそ、自らの時間管理が必要になる。

②の会議が多すぎるということに関しては、戦略のない企業ほど会議が多いものだ。

③の質問に答えられないマネジャーは、現場を知らず、逆に「お前はどう思う?」といった回答がかえってくる。

④の部下の単純作業を横取りするマネジャーは、管理者としての作業、計画立案などを部下任せになっていることが多い。

⑤の部下に報告を多く求めるマネジャーは、営業日報を含め、やたらと内部報告制度を複雑にし、報告項目ばかり増やしたがる割に、管理者がそれに対応していないということである。営業マンが報告書を書いても、その努力と同じ努力をマネジャーがしていないということに対する不満である。

営業マンの動機づけが、何によって向上するかを知ることがマネジャーの第一歩であろう。それは八つに分けられる。①職場の雰囲気②職場の作業環境。机の上の整理整頓、社内の清掃が行き届いているか③職場の人間関係④賃金⑤仕事の満足感⑥肩書きの問題⑦トップコンタクト。社長に目をかけられているか⑧家庭生活の満足度　以上の八つである。マネジャーは、これらに注意を払うべきである。

ほんとにマネジャーがなってないよな
ホントだよ
働く気がなくなるよな〜
マネジャーに対する営業マンの不満がたまっている
すみません
営業マンの管理のポイントはどこなんでしょうか?
まず職場の雰囲気
暗くてどょ〜ん…
これじゃ失格だな
職場の作業環境
もっと整理したまえ
職場の人間関係
賃金
仕事の満足感
肩書きが自分にふさわしいと思っているかどうか
△△△○○○
山田一郎
社長に目をかけてもらっているかどうか
そして本人の家庭生活の満足度
わかりましたこれから努力します

●著者略歴●

田岡　佳子（たおか　けいこ）

●大阪府生まれ。
大谷学園卒業後、日本女子大学文学部通信教育科に学ぶ。
昭和59年ランチェスターシステムズの創始者である夫の田岡信夫の死去にともない、経営コンサルティング会社を解散。61年周囲の勧めにより会社を再興。平成7年日本ランチェスター協会を設立。会長に就任、現在に至る。
日本ランチェスター協会
Web:http://www.jla.ne.jp
e-mail:jlataoka@fp.catv.ne.jp

製作協力―(有)天才工場

本マンガシリーズの企画編集を担当。外部スタッフ220名。書籍・雑誌・新聞に関わる企画・取材・執筆・編集などが主な業務。「ビジネス書」「実用書」「コンピュータ関連」「旅本」「味本」など様々なジャンルの本を制作。1989年発足、1999年法人化。
代表取締役　吉田　浩
TEL　03-5958-0860　FAX　03-3980-0804
e-mail:VYS06461@nifty.ne.jp

ご意見をお寄せください

ご愛読いただきありがとうございました。本書の読後感･ご意見等を愛読者カードにてお寄せください。今後の出版に反映させていただきます。
編集部☎（03）5395-7651

ランチェスター戦略《せんりゃく》がマンガで3時間《じかん》でマスターできる本《ほん》

2001年５月１日　初 版 発 行
2005年５月27日　第38刷 発 行

著　者　田《た》岡《おか》佳《けい》子《こ》
発行者　石野誠一

〒112-0005　東京都文京区水道２-11-５
電話(03)5395-7650（代表）
(03)5395-7654（FAX）
振替00150-6-183481
http://www.asuka-g.co.jp

明日香出版社

■スタッフ■**編集** 早川朋子／藤田知子／小野田幸子／小早川幸一郎／金本智恵／末吉喜美／**営業** 北岡慎司／浜田充弘／渡辺久夫／奥本達哉／平戸基之　**営業推進** 小林勝　**総務経理** 石野栄一　**M部** 古川創一

印刷　美研プリンティング株式会社
製本　根本製本株式会社
ISBN 4-7569-0426-2　C2034

乱丁本・落丁本はお取り替えいたします。